難民の❓(ハテナ)がわかる本

木下理仁

太郎次郎社
エディタス

> はじめに

ヌールとアラ

　「みなさん、聞こえますか。アサドの攻撃でグータの町が破壊されています。子どもたちも殺されそうです。お願いです、助けてください。手おくれになるまえに」
　その日、X（ツイッター）で送られてきた30秒の動画に世界中の人が思わず息をのんだ。

　おびえた表情で抱きあっているふたりの女の子。年上の子がふるえる声で必死に訴えている背後から、ドーン、ドーンとい

う激しい砲撃の音が聞こえる。この子たちがだれなのか、グータという町がどこにあるのか、そんなことは知らなくても、とにかくたいへんなことが起きていることだけはわかる。この子たちの命が危ない！

　このメッセージが送られたのは2018年２月19日。ふたり

は、シリア・アラブ共和国の首都ダマスカスの郊外、東グータ
地区に住む姉妹だった。

　頭に白い布を巻いた姉の名前はヌール、12歳。毛糸の赤い
帽子をかぶった妹はアラ、8歳。お母さんに習った英語で、ス
マホで自撮りした動画とメッセージを投稿していた。

　シリアでは、2011年に始まった内戦が激しさを増し、アサ
ド大統領率いる政府軍が市街地にまで爆撃をおこなったために、
一般市民が巻きこまれて、多くの犠牲者が出ていた。

　ヌールとアラのふたりは、このあとも自宅マンションが戦闘
機による爆撃を受けるなど、何度も危ない目にあい、「投稿が
なくなったときは死んだと思ってください」と、悲痛な声を上
げていたが、なんとか国境をこえて隣国トルコに逃れ、4月に
は「私たちは元気です」というメッセージを送ってきた【*】。

　彼女たちのように、命の危険を感じてよその国に逃れた人の
ことを「難民」という。

　世界ではいま、1億人もの人びとが難民や避難民となってい
る。いったいなぜ、そんなことになるのだろう。そもそも「難
民」って、なに？　難民の人たちに必要なものは？　日本は難
民とどのようにかかわっている？

　この本を手にとってくれたきみと、「難民」をめぐるいろい
ろな「？（ハテナ）」について、いっしょに考えていきたい。

【*】　ヌールとアラは、その後もX（ツイッター）でメッセージを発信しつづけてい
る。https://twitter.com/Noor_and_Alaa

はじめに　　**3**

もくじ

はじめに　ヌールとアラ ……………………………………… 2

第1章　難民って、なに？

▶ 20XX年の茶髪禁止法─1 ………………………… 8

01　ナチスドイツによるユダヤ人迫害 ………………… 12

02　難民って、なに？ ……………………………………… 15

▶ 20XX年の茶髪禁止法─2 ………………………… 17

03　世界人権宣言と難民条約 …………………………… 20

04　迫害とか弾圧って、どういうこと？ ………………… 25

05　何を持って逃げる？ ………………………………… 28

06　戦争から逃げてきた人は、みんな難民？ ………… 32

07　日本ではどう決めてるの？ ………………………… 34

08　きみはだれを助ける？ ……………………………… 36

▶ 20XX年の茶髪禁止法─3 ………………………… 40

第2章　難民のいる世界

09　1億人が家に帰れない ……………………………… 44

● 世界のおもな難民問題 …………………………… 46

10　UNHCRと緒方貞子さん ……………………………… 49

11　難民キャンプって、どんなところ？ ………………… 52

▶ 20XX年の茶髪禁止法── 4 ································· 55

12 日本人が難民になる!? ································· 57

13 難民アスリート ································· 59

▶ 20XX年の茶髪禁止法── 5 ································· 63

● ことばの豆知識 ································· 65

第3章 難民と日本のわたしたち

14 日本にも難民が来ている ································· 68

15 逃げてきた人は、どうする? どうなる? ································· 72

● インドシナ難民って、なに? ································· 74

16 難民として認められなかったら? ································· 76

● 認定サバイバルの道のり ································· 78

17 ウクライナから来た人びと ································· 80

18 難民を支援する活動がある ································· 82

19 日本で暮らす元・難民の人たち ································· 85

20 きみは、どう考える? ································· 88

▶ 20XX年の茶髪禁止法── 6 ································· 91

もっと知りたい、考えたい人に ································· 93

第1章

難民って、なに？

20××年、
ボクたち家族は、
身の危険を感じて国外に脱出した。

なぜ、難民になる人たちがいるの？
それは遠い国の出来事なんだろうか。

20XX年の茶髪禁止法 ― 1

　20XX年、頭髪の色を故意に変えることを禁止する法律、通称「茶髪禁止法」が施行された。

　この法律をつくったのは、人びとの価値観が多様化し、日本の伝統や文化が失われていくことに危機感を抱いた政府だった。日本人は黒髪。外国人をまねて不自然なことをすべきではない。日本人は日本人らしくあるべきだというのが、政府の考えだ。

　まえの年に憲法が改正されて、総理大臣が緊急事態宣言を出せば、国会で審議しなくても法律をつくることができるようになった。いまは日本の文化を守れるかどうかの瀬戸ぎわ、まさに緊急事態だから、こうした法律が必要だというのだ。

　そしてある日、うちの姉ちゃんが警察に捕まった。

　姉ちゃんは去年、大学を出て化粧品の会社に就職した。おしゃれが好きで、洋服や化粧品には、けっこうお金をかけている。ウェーブのかかった長い髪を染めて金髪にしているけれど、茶髪禁止法ができてからは、外を歩くときは髪の色が目立たないように、髪をまとめて、かならず帽子をかぶっていた。

　ところが、その日、会社帰りに交差点で信号待ちをしていたら、二人組みの警察官に「ちょっといい？」と声をかけられた。

「帽子をとってもらえますか」

「え、どうしてですか？」

「ちょっと確認したいことがあるんで」

　帽子をとった姉ちゃんは、その場でとつぜん手錠をかけられ、頭の中が真っ白になった。そして、警察署に連れていかれ、窓のない灰色の壁のせまい部屋で3時間も取り調べを受けた。

　なぜ、髪を染めているのか。いつから染めているのか。どこで、どのようにして染めたのか。家族に同じように染めている者はいないか。友人、知人はどうか。

　ほかにも、働いている会社のことや、最近行った場所、利用しているスマホのアプリ、学生時代のことなど、髪の色とは関係のないことまで細かく聞かれた。うちの家族構成や、看護師をしている母さんの年収やボクの学校の成績まで。

　そして、姉ちゃんは、頭を丸坊主にして1週間後にもう一度出頭するように言われた。髪を染めることじたいが法律で禁止されたので、黒く染めなおすことも許されないらしい。

　そういえば、いまは薬局に行っても、ヘアカラーも白髪染め

も売っていない。法律で禁止されたからだ。姉ちゃんはたまたま化粧品会社に勤めているから、倉庫に残っていた在庫をゆずってもらっていたらしい。

夜おそく、あおざめた顔で家に帰ってきた姉ちゃんは、その日なにがあったかを話すと、声を上げて泣きだした。
「なにも悪いことしてないのに。だれにも迷惑かけてないのに。茶髪禁止って、わけわかんない！　生まれつき茶色い人だっているのに。ハーフで金髪の日本人だっているじゃない！」
ボクは、姉ちゃんが髪を切らずにすむ方法はないかとネットであれこれ調べたけれど、出てくるのは茶髪禁止法に違反した人たちへの批判や悪口ばかりで、解決策は見つからなかった。

姉ちゃんが警察に捕まって髪を切ってから半年のあいだに、事態はつぎつぎに動いた。
姉ちゃんの勤めていた会社が、大量のヘアカラーの在庫を隠していたというので１年間の営業停止処分を受け、責任者だった社員が何人も逮捕されて、刑務所に入れられた。そのことで会社の経営が傾き、姉ちゃんは結局、退職することになった。

でも、それよりおどろいたのは、まわりの人たちの反応だ。
そんな犯罪にかかわったというので、ボクたち家族は近所の人たちから白い目で見られるようになった。道で会っても、相手は顔をこわばらせて、さっと目をそらす。
姉ちゃんのSNSには、ひどい誹謗中傷のコメントが山のよ

うに書きこまれるようになり、姉ちゃんはアカウントを消した。

　ボクは学校で、クラスメイトからも先生からも無視されるようになった。中1から続けてきたバドミントンの部活も、いづらくなってやめた。

　そしてある夜、だれかが投げた大きな石で、リビングの窓ガラスが派手に割れた。玄関のドアには、赤と黒のペンキのスプレーで「反日」「非国民」「×」となぐり書きされた。

　ボクたちはだんだん身の危険を感じはじめた。そのうち突然、ナイフで刺されるかもしれない。どこか、知っている人のいない田舎のほうに引っこそうかと、家族で真剣に話し合った。

　ところが、そうこうするうちに、日本中どこへ逃げても同じだということがわかってきた。国による取り締まりがさらに厳しくなり、茶髪禁止法に違反した者は、国の監視下におかれ、行動の自由を制限されるようになったからだ。

　自由に引っこしできないし、仕事を失ったら、就職先もかんたんには見つからない。失業手当も出ない。健康保険や年金の対象からはずされるのも、時間の問題だと言われた。そのうち、銀行預金も国に没収されてしまうかもしれない。

　ボクたちは、これ以上状況が悪化するまえに、家族3人で外国に行こうと決めた。行き先はオーストラリア。姉ちゃんが学生時代に1年間留学したことがあって、向こうの友だちが力になってくれるという。ボクたちはお正月の家族旅行をよそおい、スーツケースにいっぱいの荷物を持って空港に向かった。

第1章　難民って、なに?　　**11**

ナチスドイツによるユダヤ人迫害

法律を使って市民の命が奪われた。

　ヒトラーが支配したナチスドイツでユダヤ人が迫害された話は、きみも聞いたことがあると思う【＊1】。
　6000人のユダヤ人の国外脱出を助けた日本の外交官、杉原千畝さんの話や『アンネの日記』などの本を読んだり、映画で見たりした人もいるかもしれない。
　あの時代のドイツでは、ユダヤ人だという、ただそれだけの理由で、警察や軍隊に捕まって牢屋に入れられ、拷問を受け、貨物列車で強制収容所に送られてガス室で殺されたり、劣悪な環境のなかで病気になって命を落としたりした。
　『アンネの日記』を書いたアンネ・フランクとその家族は、ナチスに見つからないよう隠れ家にひそんで暮らしていたけれど、密告されて捕まり、強制収容所で亡くなった。
　ホロコーストとよばれる大虐殺の犠牲になったユダヤ人は600万人にもおよぶ。
　しかし、当時のドイツ政府が法律をまったく無視してやりたい放題やっていたかというと、じつはそうではなかった。
　ドイツのワイマール憲法は、「基本的人権」を保障し、「国民

主権」を宣言した、世界でもっとも民主的な憲法だといわれていたが、そのなかにひとつだけ、「緊急事態条項」という特別な規定があった。国家にとってなにか重大な危機が発生した場合には、大統領は国民の自由や権利を制限することができるという規定だ。

大統領のヒンデンブルクと首相のヒトラーは、これを利用して反対意見をもつ人びとを排除し、国会ではなく政府が法律をつくれるようにした。
そして、ユダヤ人や障害者の権利を奪う法律をつぎつぎつくっていった。つまり、ユダヤ人の迫害は、法律にもとづいて合法的におこなわれたんだ【＊2】。

政府が新しい法律をつくって、以前はなんの問題もなかったことを「犯罪」だと決めつける。すると、その日から警察や軍隊は、その「犯罪者」を探し、逮捕し、牢屋に入れる。法律にのっとって仕事をするのは、公務員としての義務だからだ。

自分の国が、いつも自分を守ってくれるとはかぎらない。それどころか、自分の国の政府によって迫害を受けることがある。犯罪者だとされて捕まった人間は、拷問を受けたり、死刑になったりするかもしれない。

日本でも昔、そんなことがあった。江戸時代の「生類憐みの

第1章 難民って、なに？　　13

令」（生類憐みの政策）の話を聞いたことがあるだろうか。将軍・徳川綱吉が、病人や高齢者、孤児、そして動物を大事に保護するよう命じたのだが、これがあまりに厳しくて、「天下の悪法」と呼ばれたという話だ。2羽の鶏を売った罪で死刑になった人、うなぎのかば焼きを売って牢屋に入れられた人もいたという。

　もっと身近なところでいうと、たとえば、きみも学校で、服装や髪型、持ち物などについて細かく決めた校則に不満を感じ、おかしいと思ったことがあるかもしれない。ルールの押しつけに反発する気持ちを抱いた人もいるかもしれない。

　そうなんだ。ルールは、みんながその必要性や妥当性を納得していればいいけれど、そうでないと、一方的な押しつけは人権侵害や暴力になってしまう。強い者が弱い者を支配するために、都合のいいようにルールが使われてしまう危険もある。

　憲法や法律も同じだ。つねに正しいとはかぎらない。憲法が変わったり、新しい法律がつくられたりするときは、それが弱い立場にある人をいじめることに使われるおそれはないか、よくよく見きわめないと、たいへんなことになる。

【＊1】　ヒトラー率いるナチ党が支配した時代（1933-1945年）のドイツをナチスドイツと呼んでいる。ユダヤ人とは、ユダヤ教を信仰する人びととその家系の人を指し、国籍や人種とは関係がないが、ナチスはそれを「劣った人種」だと決めつけて差別した。

【＊2】　国家権力が1か所に集中しないよう、立法（法律をつくる）、行政（法律にもとづいて仕事をする）、司法（法律に照らしあわせて不正などを判断する）を分けることで国民の自由と権利を守ろうというのが「三権分立」の考え方だが、政府が立法権をもつと、そのバランスが崩れてしまう。

難民って、なに？

自分の国にいられない、
命や尊厳がおびやかされる。
だから脱出するしかない。

　ナチスドイツの時代に生きたユダヤ人のなかには、外国に逃れて生きのびた人たちもいた。
　ドイツからアメリカに移り住んだ科学者、アインシュタイン博士もそのひとりだ。博士の相対性理論は、その後の科学の発展や宇宙開発などに大きな役割を果たした【＊】。

　政府から迫害を受けるなど、身の危険を感じて自分の国から逃げだした人のことを「難民」という。アインシュタイン博士と同じように、ドイツや、ドイツに支配されたオランダ、ベルギー、ポーランド、オーストリアなどからほかの国に逃げた多くのユダヤ人も、難民だった。

　「自国の政府に追われて逃げだす」というと、なんだかヤバい人みたいに聞こえるかもしれないけれど、ドロボウのような犯罪者とは違う。自分の命や尊厳、人間として当然の権利を守るため、やむをえず脱出するという選択をした人たちだ。そのままじっとしていたら、逮捕されて拷問を受け、最悪の場合、

第1章　難民って、なに？　15

殺されていたかもしれない。

難民になる理由はさまざまだ。
特定の宗教の信者だからという理由で、あるいは、人種や民族が違うからという理由で迫害を受ける場合もあるし、戦争や内戦によって家を失い、命の危険を感じて国外に逃れる人もいる。

また、自分の国の政府の考え方を批判したために、警察や軍隊に捕まって拷問を受けるような国もあるし、同性愛者だという理由で、あるいは、女性が男性と同じように学校に行ったり職業についたりするだけで、迫害を受ける国もある。
そんな状況から逃れるために、自分の国を出て保護を求める人は、みんな、難民なんだ。

【＊】 アルベルト・アインシュタイン（1879-1955年）……理論物理学者。「論理は、きみをA地点からB地点へと導いてくれる。想像力は、きみをどこへでも連れていってくれる」「人生は自転車に乗るのに似ている。進むのをやめたら倒れてしまう」など、数々の名言でも知られる。

20XX年の茶髪禁止法—2

家族全員がパスポートを持っていたのはラッキーだった。2年前に3人でハワイ旅行に行ったからだ。いま、パスポートを取ろうとしたら、茶髪禁止法の犯罪歴を調べられてアウトだったかもしれない。

空港では、ロビーのあちこちで警察が見張っていて緊張したけれど、なんとか無事に出国手続きを終えて飛行機に乗ることができた。

飛行機が離陸してからも、ボクの心臓はずっとドキドキしっぱなしだった。「当機に指名手配中の人物が乗っていることがわかったため、これより羽田空港に引き返します」という機内アナウンスが流れるんじゃないかとか、飛行機に私服警察官が乗っていて逮捕されるんじゃないかとか考えて、10時間のフライトのあいだ、気が休まることはなかった。

だから、シドニーの空港に着いて、ゲートを出たときは、ほんとうにほっとした。

空港から電車に乗って、シドニーの中心部へ。そこから姉ちゃんの友だちが住む町まで、

第1章 難民って、なに?　17

バスで1時間。南半球の夏の日差しがまぶしい。ボクは日本から着てきた厚手のパーカーをぬいで、半そでのTシャツ1枚になった。

　バスの運転手は、背の高い黒人のおじさんだった。
　途中でほかの乗客がみんな降りてしまい、バスに乗っているのがボクたちだけになると、「前の席においでよ」とボクたちを呼んで、運転しながら姉ちゃんと英語で話しはじめた。
　姉ちゃんが友だちの家に行くんだと言うと、「住所を見せてごらん」と言われ、なんと、本来のルートにはおかまいなしにバスを走らせ、家の真ん前に横づけしてくれた。おじさんは「Enjoy your stay!（滞在を楽しんで）」と言って帰っていった。
　路線バスでこんなことがあるのかと、ボクがびっくりしていると、姉ちゃんは「オーストラリアだからね。みんな、"No worries"（心配いらない）って言うのよ」と言って笑った。「あの人、エチオピア生まれなんだって。子どものころ、家族でオーストラリアに来たって言ってた」。

　笑顔とハグでボクたちを迎えてくれた姉ちゃんの友だち、エマは、キラキラした金髪の女性だった。黒いショートボブのウィッグをかぶった姉ちゃんを見て、一瞬、だれかわからなかったと言って、びっくりしていた。彼女はコンピューターのウェブデザイナーだそうだ。
　エマのお母さんのジュリーさんは、うちと同じでシングルマザー。大学で経済学を教えている先生だ。

あと、エマのボーイフレンドのソーさんがいっしょに住んでいる。彼はミャンマー出身の30歳。2年前に自分で貿易会社を立ち上げて、バリバリ働いている。

エマの家は海のすぐ近くにある。
ヤシの木が植わった芝生の庭にテーブルとイスが置いてあって、そこからフェンスの扉を開けて出ると、すぐに砂浜になる。その向こうはもう海だ。ここは細長い入り江のいちばん奥なので、波はほとんどない。ここでは毎日がリゾート気分だ。

ジュリーさんは、ボクたち家族のために2つの寝室を用意してくれた。この先どうするか決まるまで、いくらでもここにいていいと言う。そんなにいつまでも甘えるわけにはいかないけれど、とりあえず落ち着ける場所があって助かった。

世界人権宣言と難民条約

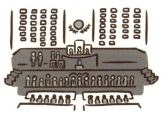

すべての人は、迫害から逃れて避難する権利をもっている。

　第二次世界大戦では、世界中で5000万人以上の命が失われたばかりでなく、いたるところで強制労働、拷問、虐待、暴行、さまざまなかたちの差別といった人権侵害がはびこり、多くの人がひどい苦しみを味わった。

　そのため、そういうことは二度とあってはならないと、1948年にパリで開かれた国連総会で、世界中の人と国とが達成すべき共通の基準として「世界人権宣言」が採択された。そこには「すべての人間は生まれながらにして自由かつ平等」であり、「人種、皮膚の色、性、言語、宗教、政治やその他の意見、出身地、財産、その他のいかなる事由による差別をも受けることがあってはならない」と書かれている。

　「人権」というのは、生まれながらにして、つまり、何もしなくても、その人が人間であるという、ただそれだけの理由であらゆる人に認められるものだ。

　この宣言の第14条には、「すべて人は、迫害を免れるため、他国に避難することを求め、かつ、避難する権利を有する」という規定がある。そう。世界人権宣言には、難民としてよその

国に避難することも、人として当然の権利だと、はっきり書かれているんだ。

　そして1951年、難民を保護するための「難民条約」【＊】がつくられた。

　難民条約の第1条には、難民の定義（難民とはどんな人か）が記されている。

- -

　人種、宗教、国籍もしくは特定の社会的集団の構成員であること、
　または政治的意見を理由に、
　迫害を受けるおそれがあるという十分に理由のある恐怖を有する
　ために、国籍国の外にいる者であって、
　その国籍国の保護を受けることができない者、またはそのような
　恐怖を有するためにその国籍国の保護を受けることを望まない者

- -

　うーん、なんだか難しいね。少しずつていねいに見ていこう。

　まず、「迫害を受けるおそれがあるという十分に理由のある恐怖を有する」。これはたとえば、自由に外出できなくなる、仕事を奪われるなど、差別されたり不利な扱いを受けたりする。また、警察や軍隊、武装勢力に捕まって拷問を受けるなど、命にかかわる状況になる。いつそうなってもおかしくないと、強い不安や恐怖を感じているということだ。

　そして、「国籍国の外にいる者」。

第1章　難民って、なに？　　21

国籍国というのは、自分の国のこと。きみが日本の国籍を持っていたら、きみの国籍国は日本だ。「国籍国の外にいる」というのは、そういう危険から逃れるために、国外に出たということだ。国境をこえたときに、はじめて難民と呼ばれる。
　ちなみに、危険から逃れるために移動しながらも、国内にいる人たちのことは「国内避難民」と呼ぶ。

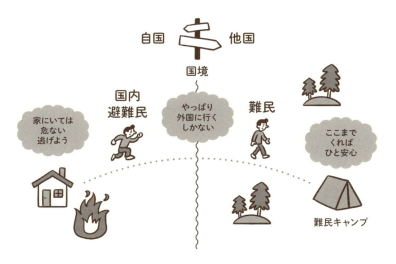

　つぎに、「国籍国の保護を受けることができない者、またはそのような恐怖を有するためにその国籍国の保護を受けることを望まない者」って？
　「国籍国の保護を受けられない」ということは、自分の国が自分を守ってくれない、安全を保障してくれないということだ。暴行を受けて警察に駆けこんでも、「そんなことは知らない。帰れ」と言われたり、逆にその場で逮捕されたりする。また、「保護を受けることを望まない」というのは、自分の国が信じ

られなくて、そんな国からは逃げたいと思っているということ
だ。

　そして、この条文の前半には、迫害の理由が書かれている。
　① 人種
　② 宗教
　③ 国籍
　④ 特定の社会的集団の構成員
　⑤ 政治的意見
　この5つのうちのどれか1つ以上にあてはまる理由があって、
迫害を受けるおそれがあり、国外に逃れた場合に、その人は難
民だということになる。
　「肌の色が〇〇だから」（①人種）とか、「〇〇教徒だから／
〇〇教徒でないから」（②宗教）とか、「〇〇国の国籍を持って
いないから」（③国籍）とか、「女性だから（女性なのに〇〇した
から）」「同性愛者だから」「〇〇の仕事をしているから」など
（④社会集団・属性）といって迫害を受けるような場合。
　また、政府が決めたことに従わなかったとか、反政府デモに
参加したなど、「⑤政治的意見」を理由に迫害を受ける場合も
ある。

　たとえば、ある国にAという民族とBという民族がいっしょ
に暮らしていて、あるとき、なにかのきっかけで、2つの民族
のあいだで争いが始まったような場合を考えてみよう。
　争いがエスカレートしたら、たがいに武器をとって戦闘が始
まり、内戦になるかもしれない。

第1章　難民って、なに？　　**23**

そういうときに、その国の政府がAの側についたとする。警察や軍隊を動かして、Bの人たちをつぎつぎに捕まえて牢屋に入れ、Aの言うことをきかないとひどい目にあわせるぞとおどしたり、じっさいに暴力をふるったりするかもしれない。

　そんな状況になったときに、もう、この国にはいられないと思って、よその国に逃げた人（B民族）がいたら、その人は難民なんだ。自分の国（国籍国）は、その人を守ってくれないのだから。

　また、もしかしたら、Aの民族のなかにも、ひどいことをする政府に批判的な人がいるかもしれない。そういう人を「おまえはAのくせに政府を批判するなんて、非国民だ」といって政府が犯罪者として捕まえようとした場合、そこから逃げて国外に出た人（A民族）も、「政治的意見」を理由とした難民ということになる。

　そういう人たちが逃げてきたときには、それがどこの国の人であっても保護すべきだというのが、難民条約の考え方だ。

　難民条約には「ノン・ルフルマン原則」（追放および送還の禁止）というとても大事な規定（第33条）がある。これは、危険な状況から逃れてきた難民を、けっしてもとの国に送り返してはならないという決まりだ。

【＊】　難民条約の正式名称は「難民の地位に関する条約」。1967年の「難民の地位に関する議定書」と合わせて「難民条約」と呼ぶこともある。難民条約には世界の146か国が加盟している（議定書は147か国）。日本は1981年に加入手続きをおこない、1982年1月1日に効力が発生した。

迫害とか弾圧って、どういうこと？

歴史をみれば、それは遠い国の出来事じゃなかった。

　なにも悪いことをしていないのに、逮捕されて牢屋に入れられたり、拷問を受けたり、死刑になったりする。武器を持った集団に襲われて命が危なくなっても、警察は助けてくれない。差別の対象となり、なにかというと不利な扱いを受ける。そういう目にあうことを、「迫害を受ける」という。

　また、国の権力者が、自分に逆らう人びとを力で押さえつけることを「弾圧」という。反対の考えをもつ人たちや反抗的な活動を取り締まり、組織のリーダーを捕まえて牢屋に入れたり、その団体が出している新聞を発行禁止処分にしたりする。

　国の「体制」が変わったときや、独裁的な政治に不満を抱いた国民の民主化運動が活発になり、それを権力者が抑えこもうとするときには、しばしば、そういうことが起こる。

　20年間つづいた戦争が終わって新たに社会主義国家が生まれたときのベトナム（1975～1990年ころ）。原始共産主義とよばれる極端な思想をかかげて知識人を弾圧した、ポル・ポト政権が支配した時代のカンボジア（1975～1979年）。反政府

第1章　難民って、なに？

勢力に対して、ジェット戦闘機や戦車まで使って情け容赦ない武力攻撃を続けているシリアのアサド政権（2011年〜）などがそうだ。いずれも100万人以上の人が、命を落としたり、難民になったりしている。

でも、そういうのは、とんでもない独裁者が支配している国の話じゃないの？　または、過激な武装集団が暴れまわっている野蛮な国とか？──きみはそう思うかもしれない。
しかし、歴史をふり返ってみると、日本はぜったいにそんな国じゃないとは、かならずしもいえないことがわかる。

たとえば、歴史の授業で学ぶ「踏み絵」とか「隠れキリシタン」ということばを知っているだろうか。江戸時代、幕府はキリスト教を信じることを禁止し、厳しく取り締まった。もしもあの時代に難民条約があって、日本のキリスト教徒が船に乗って外国にたどり着いたら、難民として保護されていただろう。
いまから約100年前、1923年（大正12年）に起きた関東大

震災のときには、朝鮮人が家々に放火してまわっているとか、井戸に毒を投げこんだというデマが飛び交い、人びとが刀やこん棒を持って自警団を組織し、朝鮮人を見つけては殺したことがある。文字どおり、武装集団による拷問や虐殺だ。警察もそれを止めようとはしなかった【＊1】。

　1925年（大正14年）には「治安維持法」という法律ができた。治安維持というのは、社会の安全を守るという意味だけど、じっさいには、政府にとって都合の悪い考えや運動を取り締まる法律だった。政府の方針に従わないというだけで逮捕され、拷問によって自白を迫られることもあった【＊2】。
　1945年に法律が廃止されるまでの20年のあいだに、治安維持法によって数十万人が逮捕され、1000人以上が拷問や虐殺、獄中での病気などで命を落としたといわれている。

　かつて、政府が反対勢力を弾圧し、自分たちにとって都合の悪い人物を迫害して排除しながら、戦争につき進んでいった時代があった。戦争が終わったとき、日本国憲法に基本的人権の尊重、国民主権、平和主義の３つが明記されたのは、二度とそんな時代に逆もどりしないようにという願いをこめてのことなんだ。

【＊1】　神奈川県警の大川常吉署長のように朝鮮人を暴徒から守った人たちもいたが、警察や軍隊が自警団といっしょになって朝鮮人に暴行を加える例も少なくなかった。
【＊2】　小説家の小林多喜二もそのひとりだ。『蟹工船』などの小説で貧しい労働者の窮状を描き、共産主義を唱えた彼は、特高警察（特別高等警察）に捕まり、はだかでひどい拷問を受けたすえに殺された。

第1章　難民って、なに？　　27

何を持って逃げる？

水に食べ物、お金とスマホ？
大事なものは人それぞれだ。

　突然だけど、人が生きるために必要なものって、なに？
　そう聞かれたら、きみはなんて答える？
　「水」「空気」
　そうだよね。ほかには？
　「着るもの」「食料」「家」
　そうだね。生命を維持していくために、食べるものや、寒さや暑さから身を守ることのできる場所が必要だよね。

　じゃあ、もしも、きみが住んでいる町で戦争が起きて、いますぐ逃げないといけなくなったとしたら、何を持って逃げる？
　２、３日で帰ってこられるかもしれないけれど、もしかしたら、何か月も何年も、もどってこられなくなるかもしれない。国を出ていくことになるかもしれない。

　戦車の大砲の音がだんだん近づいてくる。耳をつんざくような轟音を立ててジェット戦闘機が飛び交う。ここにもいつ、ロケット弾が撃ちこまれるかわからない。10分後には国境へ向

かうバスが出るという。すぐに荷物をまとめて集合場所に行かなければ。大きな荷物は持っていけない。小さなリュックに入れられるものだけだ。さあ、きみは何を持っていく？

　いまから５分間、この本を置いて、手もとの紙に自分が持っていくものを書きだしてみてほしい。たくさんは持っていけないから、どんなに多くても10個まで。

　……

　さあ、きみは何を選んだだろうか。

　水、食料、タオル、下着、ダウンジャケット、トイレットペーパー……？

　最新の情報を得るために、ラジオも必要かもしれない。いや、ラジオよりスマホのほうがいいかな。でも、どこでもWi-Fiが使えるわけじゃないし、充電はどうしよう……。

　けがや病気をしたときのために薬や絆創膏もいるかもしれない。生理用品も。

　あ、そうだ。よその国に行くなら、パスポートも必要だ。それにお金も。キャッシュカードが使えるとはかぎらないから、できるだけ現金を持っていかなくては。日本のお金が使えない国では、指輪や宝石のほうが役に立つのかな？

　そうだ、大事な友だちや家族の写真も持っていきたい。小学校の卒業アルバムを持っていこうか。

　ああ、もうリュックに入りきらないよ！

　内戦の続くシリアから逃げて難民キャンプにたどり着いた人たちが、やっとの思いで持ちだしたものを紹介している写真

第１章　難民って、なに？　　29

【＊】があるので見てみよう。

　幼い息子のアフメトくんと娘のアイシャちゃんを連れて逃げてきた25歳の母親イマンさんが手にしているのは、イスラム教の聖典コーラン。トルコへ逃げる途中、5人の親戚を亡くしたが、コーランを持っていれば守られていると感じたという。

　37歳の男性、オマルさんが手にしているのは、ブズクという名前の伝統的な弦楽器。これを弾くと故郷を思い出して、なつかしさで心がいっぱいになるという。

30

レバノンに逃げたユスフくんが手にしているのは携帯電話。まだシリア国内にいる父親と話したり、離れている家族の写真を見たりするために使っているという。

　人が生きていくためには、水や食料も必要だけど、それ以外にも大事なものがたくさんあるね。大事な人の写真。思い出。ふるさと。苦しいときに自分の心を支えてくれるもの。
　日本でも、たとえば大きな地震や津波、火災などが起きると、そういう大事なものを失くして悲しい思いをする人たちがいる。
　難民の人たちも、命さえ助かれば幸せというわけじゃない。ほかの人の目には見えないかもしれないけれど、みんな、大事なものをたくさん失っているんだ。

【＊】　ウェブサイト「Mail Online　シリア難民が置いてくることができなかった大事な物」
写真は３点ともに ©UNHCR/Brian Sokol

06 戦争から逃げてきた人は、みんな難民？

どういう人を難民と考えるか、それは国によって違っている。

　自分の国で戦争が起きて、よその国に逃げても、難民として認められるとはかぎらない。
　えっ、なんで？

　1951年にできた難民条約は、もともと、ナチスドイツによるユダヤ人迫害のように、その人が自分の国の政府や国内の武装勢力などによって迫害を受けたために他国に逃れざるをえなくなった場合を、難民として想定していた。
　だから、たとえ住んでいる国で戦争が起きても、武力行使が広く無差別におこなわれていて、その人が政府や武装集団から直接ターゲットにされているわけではない場合は、難民条約の規定する難民にはあたらないと、当時は考えられていた。本人が「危ない」「怖い」というだけでは、難民ではないのだと。

　でも、いつ爆弾が落ちてくるかわからない場所から逃げてきたのに、そういう人を追い返すのは、あんまりだよね。
　だから、アフリカでは、1974年にアフリカ統一機構【＊】が

「外国の侵略や国内の激しい混乱によって出国せざるをえなく
なった人びと」も難民として認める、という条約をつくった。
　その後、世界各地で内戦や武力紛争があいついだことから、
国連や欧米各国も難民の定義を以前より広く考えるようになり、
現在は多くの国が、自国の政府から直接迫害を受けた人だけで
なく、戦争や武力紛争などの危険な状況から逃れて国外に脱出
する人も難民と認めている。
　国連は、アフリカ統一機構の条約が発効した日にちなんで、
６月20日を「世界難民の日」と定めている。

　ただ、一方で、いまも、「戦争が起きている国から逃げてき
たというだけでは難民として認めない」という国もないわけで
はない。難民条約の規定をどのように解釈し、どういう人を難
民と考えるか、その範囲は国によって違っている。

　だから、戦争から逃げても、逃げた先で難民として受け入れ
てもらえず、安全な場所を求めてさらに移動せざるをえない人
もいるんだ。

【＊】　アフリカ統一機構……アフリカ諸国の独立と連帯、相互協力を進めることを目
的として、1963年につくられた組織。アフリカ大陸にあるほとんどすべての国が参
加していた。2002年に解散し、「アフリカ連合」にその活動が引きつがれた。

第1章　難民って、なに？　　33

07

日本では どう決めてるの？

日本で難民として受け入れるかどうか。
その基準はどこに？

　さて、日本ではどうだろう。
　日本は、戦争から逃げてきた人たちを難民として受け入れているだろうか。

　日本の難民受け入れについて定めた法律、「出入国管理及び難民認定法」（入管法）には、「法務大臣は、外国人が難民として認めてもらうための手続きをしたときは、その人が難民であるという認定を行うことができる」と書かれている【＊1】。

　ん？　ちょっと待って。
　難民の認定をおこなうことができる――それだけ？

　そう。入管法にはこれだけしか書かれていない。「認定を行うことができる」というだけ。
　どういう人を難民として認めるか、その基準を定めた法律は、日本にはない。だから、日本が加盟している「難民条約」の規定が、そのまま日本の難民認定の基準として使われることにな

る（難民条約の規定は21ページを見てほしい）。

　そして、日本の政府は、難民条約の定義をかなり"せまく"解釈しているため、「自分の国で戦争が起きたので逃げてきた」というだけでは、難民とは認めていない。だから、シリアのように激しい内戦が続いている国から逃げてきても、その人がすぐに難民として受け入れられるわけではない。

　紛争や迫害から逃れるために国境をこえた人びとは、その時点ですでに難民であり、どこかの国の法律の規定にあてはまらないからといって、難民でなくなるわけではない。

　でも、じっさいに逃げた先で難民として認められるかどうかは、それぞれの国の法律と、審査をおこなう当局の判断にゆだねられている【＊2】。

　そのため、やっとの思いでたどり着いた国で、自分は難民だと信じて難民申請をしても認められないことがあって、その人は途方にくれるということが起きてしまうんだ。

【＊1】　出入国管理及び難民認定法・第61条の2（2024年4月現在）。文章はやさしく言いかえている。
【＊2】　それぞれの国だけでなく、UNHCR（国連難民高等弁務官事務所）も独自に難民認定をおこなうことがある。ただし、UNHCRが認めれば自動的にどの国でも難民として認められるわけではない。UNHCRでは「難民認定基準ハンドブック」という手引をつくり、そこに記された考え方にそって難民認定をおこなうよう、各国に求めている。

きみはだれを助ける?

たとえば死刑宣告を受けた人。
ほかの国に逃げたら、
命はどうなる?

　ちょっと整理してみよう。
　難民条約には「人種」「宗教」「国籍」「特定の社会的集団の構成員」「政治的意見」の5つが、難民として認められる迫害の理由にあげられている(21ページ)。また、自分の国で戦争が始まったので逃げてきたというだけでは、難民として認める国と認めない国があって、日本(政府)は「認めない」派だ。
　そこまでは、わかったかな。

　けれど、それ以外の理由でも、自分の国にいられなくなって逃げてくる人がいるかもしれない。
　たとえば、こんな人が逃げてきたら、きみはその人を受け入れるべきだと思う? それとも、自分の国に帰れと言う?

A　日照りが続いて農作物が育たなくなり、食糧不足で死にそうになった人
B　津波で家を流され、住む場所を失った人

C　借金が返せなくなって、ギャングにおどされている人

D　罪を犯して裁判で死刑を宣告されたが、刑が執行されるまえに刑務所から脱走してきた人

　じつは、こういった人たちを受け入れるかどうかの判断基準は、国によって違っている。

　たとえば、オーストラリアでは、「移民法」のなかで、困難な状況にある人を受け入れるための「保護ビザ」について定めていて、つぎのような人を受け入れるとしている。

- 恣意的に（わざと）命を奪われる場合
- 死刑が執行される場合
- 拷問を受ける場合
- 残虐または非人間的なとりあつかいや刑罰を受ける場合
- 品位を傷つけるとりあつかいや刑罰を受ける場合

　オーストラリアでは死刑や拷問を禁じていて、そんな野蛮で非人間的なことは、相手がどこの国の人であっても許されるべきではないと考えられている。だから、「D」のような人も、オーストラリアに逃げれば命が助かる。また、「C」のギャングに殺されそうになった場合も、「恣意的に命を奪われる場合」に該当するという理由で受け入れてもらえる可能性がある。

　死刑や拷問が受け入れの理由になっているのは、イギリス、フランス、ドイツなども同じだ。

　また、アメリカの「移民・国籍法」では、「地震、洪水、干ばつ、疫病、その他の環境災害により、影響を受けた地域の生

第1章　難民って、なに？　　**37**

活環境が大幅に破壊された場合」にも、その人に「一時保護資格」を与えるとしている。だから、「Ａ」や「Ｂ」の人たちは、少なくとも一時的にはアメリカに滞在することができる。

　このように、難民条約の規定では難民にあてはまらない人であっても、ほかの国際人権条約【＊】やそれぞれの国の法律（国内法）にもとづいて、受け入れて保護する場合があり、これを「補完的保護」と呼ぶ。「補完」というのは、（難民条約の）たりない部分を補うという意味だ。

　さて、日本はどうだろう。困っている人がいたら、難民条約の条件にあてはまらなくても、受け入れたりするだろうか。

　日本はかつて、法務大臣による「人道的な配慮」という考え方で、一部の外国人を特別に受け入れていた。たとえば、内戦が続くシリアから来た人たちの場合、日本政府は基本的に難民とは認めないが、「人道的な配慮」によって、特別に在留許可が出ることがあった。

　しかしそれは、あくまでも一時的に在留が認められるにすぎず、また、どういう人が「人道的な配慮」の対象になるのか、はっきりしなかった。

　そこで、2023年に入管法が改正されたとき、そのなかに「補完的保護」の規定が盛りこまれ、戦争や武力紛争から逃げてきた人も、日本に受け入れられるようになった。その人たちは「補完的保護対象者」と呼ばれ、難民と同じように「定住者」として日本で暮らすことができる。

ただ、欧米各国やUNHCRでは、以前から、戦争や武力紛争から逃げてきた人を難民として認めてきた（33ページ）。だから、日本の「補完的保護」は、他国では難民と考えられている人たちを、別の名称で受け入れるようになったというだけで、死刑や残虐なあつかいから逃げてきた人も対象とする他国の「補完的保護」とは、だいぶ違っている。

　「補完的保護」の対象者の範囲をどこまで広げるべきか。きみはどう思う？

保護の対象となるのは？　10か国の例

	死刑	生命に対する権利	拷問	非人道的な扱いや刑罰	紛争や無差別暴力	その他
オーストラリア	●	●	●	●		
ニュージーランド		●	●	●		
カナダ			●	●		
アメリカ					●	自然災害・一時的な異常事態
フランス	●		●	●	●	
ドイツ	●		●	●	●	
ベルギー	●		●	●	●	
デンマーク	●		●	●	△	
スイス					●	
イギリス	●		●	●		国家による非合法殺人

出典：難民研究フォーラム「補完的保護に関する国際社会の取り組み」別紙（2021）をもとに作成

【＊】　ほかの国際人権条約……「児童の権利に関する条約（子どもの権利条約）」「市民的及び政治的権利に関する国際規約（自由権規約）」「拷問及びその他の残虐な、非人道的な又は品位を傷つける取扱い又は刑罰に関する条約（拷問等禁止条約）」など。

第1章　難民って、なに？　　39

20XX年の茶髪禁止法 — 3

　オーストラリアはいろんな国から、多くの移民・難民を受け入れている。ボクたちは、エマやソーさんから、難民申請することを勧められた。

　観光ビザでは３か月しかいられない。その後は日本に帰るか、「非正規滞在者」としていつづけるしかなくなる。そうなるまえに難民申請をして、オーストラリアの在留許可を得たほうがいいと、エマや、パートナーのソーさんは言うんだ。それに、観光ビザのままでは、母さんも姉ちゃんも仕事につくことができない。

　じつは、ソーさんも難民だったそうだ。2021年にミャンマーでクーデターが起き、軍事政権の迫害を受けて逃げてきたという。ソーさんは、軍事政権の支配に抗議するデモに参加したときに、いきなり発砲してきた軍の銃弾でけがをしたと言って、左のすねにくっきり残る傷を見せてくれた。

　日本でクーデターが起きたわけでもないし、戦争が始まったわけでもないのに、ボクたちが難民として認められるだろうか……。不安はあったけれど、このままでは、いずれ日本にもどらなければならなくなる。ボクたちは、エマに手伝ってもらいながら難民申請の手続きをした。

　それから３週間たったころ、連絡が来て、こんどは面接を受

40

けることになった。

　面接では、日本を出てきた理由についてくわしく聞かれた。日本語の通訳の人がいて、面接官とのやりとりをサポートしてくれた。難民認定の結果は２、３か月でわかると言われた。

　オーストラリアでは、1970〜80年代にベトナムやカンボジアから多くの難民がやってきたときから、「多文化主義」をかかげて難民の受け入れに積極的に取り組んだが、その後、難民の受け入れは社会にとって大きな負担になるという人が増えて、受け入れ人数を制限した時期もあったらしい。その時期は、難民申請の手続きもたいへんで、認定を受けるまでに１年以上かかっていたそうだ。

　でも、20XX年のいまはまた、アジアやアフリカからの難民を歓迎する方向に変わってきているという。

　「だから、きっと大丈夫」とソーさんは言うけれど、ボクたちは、毎日どきどきしながら連絡がくるのを待った。

第1章　難民って、なに？　　41

第 2 章

難民のいる世界

20××年、
ボクたちは難民として、
外国で暮らすようになった。

難民になった人は、世界にどのくらいいる?
みんな、どうやって生きているんだろう。

1億人が家に帰れない

危険から逃げた人たちが、
世界にはこんなにもいる。

　世界にはいま、約１億1000万人の難民・国内避難民がいるといわれている【＊】。世界の人口は約80億人だから、80人に１人以上。しかも年々増えつづけている。

　難民になった人たちは、どこに逃げるのだろう？
　紛争が起きている危ない国から安全な国へ。アフリカやアジア、中南米の貧しい途上国から、ヨーロッパやアメリカなどの豊かな先進国へ。そんなふうに思う人もいるかもしれない。でも、じつは、そうでもないんだ。
　なぜかって？　それは、ほとんどの人が隣の国に逃げるから。

　世界でいちばん多くの難民を受け入れている国は、トルコだ。トルコの南側にあるシリアでは、2011年からずっと内戦が続き、650万人もの難民が出ている。その人たちの多くが、まずは隣国のトルコに逃げている。
　ところが、そのトルコからも、ほかの国に逃れる難民がいる。トルコで迫害を受けたクルド人だ。トルコは難民の受け入れ国

であると同時に、難民が出ている国でもある。

難民問題に関しては、単純に「出ていく国」と「受け入れる国」の2つに分けられるわけじゃないんだ。

【＊】 UNHCR（国連難民高等弁務官事務所）によると、紛争や迫害によって故郷を追われた人の数は、2022年末の時点で1億840万人。その内訳は、難民3530万人、国内避難民6250万人、庇護希望者（他国に逃れて保護を求めている人）540万人、ベネズエラから国外に逃れた人が520万人。

難民を生みだしている国

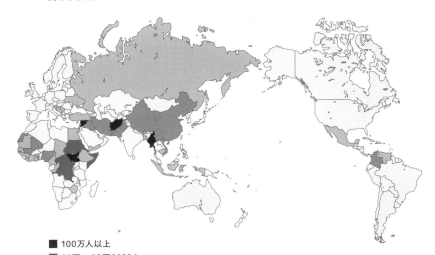

■ 100万人以上
■ 50万〜99万9999人
■ 10万〜49万9999人
□ 1万〜9万9999人
□ 9999人以下

出典：難民支援協会ウェブサイト
https://www.refugee.or.jp/refugee/#section02

世界のおもな難民問題

1 シリア

民主化を求める市民運動をアサド政権が武力で弾圧したことから始まった内戦に、過激派組織や外国の軍隊までもがからんで複雑な状況となり、紛争が長期化。約650万人が難民となって、トルコやヨーロッパの国々へ逃れた。

2 クルド民族

クルド人は約3000万人。国をもたない世界最大の民族といわれ、トルコ東部の山岳地帯からシリア、イラク、イランにかけての地域に多く住んでいるが、トルコ政府などから迫害を受けて難民となっている人も多い。

3 アフガニスタン

1980年代からくり返し紛争が起き、そのたびに多くの人びとが難民となっている。2021年からは極端なイスラム原理主義思想をかかげるタリバンが実効支配したことによって、その迫害をおそれた人びとが周辺諸国に逃れている。

❹ ミャンマー

1988年（当時の国名はビルマ）の民主化運動を政府が弾圧したことにより、多くの人が難民となった。その後、2010年代からじょじょに民主化が進んでいったが、2021年に軍事クーデターが起きて、ふたたび大混乱におちいった。

❺ ロヒンギャ民族

ミャンマーに住むイスラム教徒のロヒンギャの人たちは、仏教徒の多いミャンマーでは昔から少数派で、ついに国籍まで奪われてしまった。隣国バングラデシュにあるロヒンギャ難民キャンプには、95万人以上が暮らしていて、世界最大の難民キャンプになっている。

❻ アフリカ諸国

アフリカの国々は急激な経済発展をとげた一方で、政治が不安定で武力紛争が続いている国もあり、多くの国から難民が出ている。スーダン、南スーダン、コンゴ民主共和国、ソマリア、エチオピア、ウガンダなどだ。背景には、豊富な地下資源をめぐる争いなどの問題が横たわっている。

❼ パレスチナ

1948年にユダヤ人国家・イスラエルが建国されたことをきっかけに、パレスチナとイスラエルのあいだで70年以上も対立と紛争が続き、住む場所を失った多くのパレスチナ人が難民となっている。2023年には、パレスチナの武装組織ハマスが武力攻撃をおこなったことをきっかけに、紛争が激化。イスラエル軍がパレスチナのガザ地区に侵攻し、3万人以上が命を落としている。

第2章　難民のいる世界　**47**

⑧ イエメン

2015年からずっと戦争が続いていて、数百万人の人びとが国内避難民となっている。

⑨ ベネズエラ

2017年ころから政治と経済がたいへんな混乱におちいり、政治的迫害や貧困から逃れるために、数百万人が隣国コロンビアなどに避難している。

⑩ 新疆ウイグル自治区（中国）

中国北西部の新疆ウイグル自治区において、イスラム教徒であるウイグル民族の文化や宗教を否定し、中国共産党政府の方針に従うよう強制するなどの迫害がおこなわれた。そのため、他国に逃れる人びとがいる。

⑪ 香港（中国）

2020年、中国は「香港特別行政区国家安全維持法」という法律をつくり、中国政府による言論統制に反対する民主化運動のリーダーをつぎつぎに逮捕し、市民への弾圧を強めた。こうした状況を受け、欧米各国では、自国に滞在中の香港出身者が帰国しなくてもいいように、ビザの有効期限を延期するなどの措置をとっている。

⑫ ウクライナ

2022年に始まったロシアの軍事侵攻によって、ウクライナに住む1000万人以上が国外に脱出した。一方、ロシアでも、兵役を拒否する人たちがトルコやフィンランドに逃れた。

UNHCRと緒方貞子さん

国連には、難民問題に取り組む専門の機関がある。

　国連にはいろいろな専門機関がある。たとえば、子どもの安全と健康を守るユニセフ（UNICEF）。世界遺産の認定をおこなったりして世界の文化の発展や教育を促進するユネスコ（UNESCO）。

　そして、世界の難民の保護を担当する国連機関が、UNHCRだ【＊1】。日本語では「国連難民高等弁務官事務所」という。本部はスイスのジュネーブにある。

　UNHCRは、大きな紛争が起きたりしておおぜいの難民が出たときには、ユニセフやWFP（世界食糧計画）など、ほかの国連機関や、世界各国のNGO（民間の国際協力団体）と協力しながら、難民キャンプを設営して難民を受け入れる。そして、水や食料、衣類など、必要な物資を配ったり、病気やけがをした人たちを治療したりする。

　このUNHCRの最高責任者である国連難民高等弁務官を、1990年から2000年までの約10年間、緒方貞子さんがつと

第2章　難民のいる世界　　49

めた。

　緒方さんがこの職についた20世紀最後の10年間は、世界中でつぎつぎに紛争が起き、かつてないほど多くの難民が発生した時期と重なる。

　緒方さんは任期中に、UNHCRの保護の対象を、難民だけでなく、国内避難民までひろげるという、とても大きな方針転換をおこなった。

　難民条約第1条に定められているように、人は国境をこえてはじめて、難民と認められる。そして、UNHCRが保護するのは難民だけで、国内避難民は対象ではなかった。国内にいる人びとにまで手を差しのべると、その国の政府を無視することになるからだ。

　しかし、考えてみてほしい。国境線というのは、永久に同じ場所にあるとはかぎらない。国と国との関係によって、国境の位置が変わることもある。じっさい、ユーゴスラビア紛争のときは、ひとつの国がいくつもに分かれ、つぎつぎに新しい国境線ができた【＊2】。

　今日は国内避難民だった人が、つぎの日には国境が動いて難民になるかもしれない。そう考えれば、難民か国内避難民かは、絶対的な違いではないということになる。

　緒方さんは、難民条約の規定にこだわって人びとが国境をこえて出てくるのを待つのではなく、そこに助けを必要としている人がいるならば、国境をこえたかどうかにかかわらず、保護すべきだと考えた。UNHCRの活動の歴史的転換点となったそ

の考え方は、いまも受けつがれている。

　緒方さんといっしょに仕事をした人たちは、彼女のことを「相手が難民でも、その国の総理大臣や大統領でも、態度が変わらない」「やさしくて強い」人だったと語っている。緒方貞子さんは2019年に亡くなったけれど、そのメッセージは、いまも世界の多くの人に影響を与えつづけている。

【＊1】　ただし、パレスチナ難民（p.47）の支援については、UNRWA（国連パレスチナ難民救済事業機関）という機関がおこなっている。
【＊2】　ユーゴスラビアでは、1991年から2001年まで武力紛争が続いた。そうしてひとつの国が、クロアチア、スロベニア、ボスニア・ヘルツェゴビナ、セルビア、モンテネグロ、マケドニアの6つの国に分かれた。

第2章　難民のいる世界　　51

難民キャンプって、どんなところ？

難民キャンプは世界各地にある。
厳しい環境だけど、
学校なんかもあるんだ。

　難民キャンプと聞いて、きみはどんな場所を思いうかべるだろうか。キャンプといえば、テント？　木の枝など燃えるものを拾い集めて、たき火でご飯をつくるとか？
　たしかに、そういう場所もあるだろう。とくに、紛争が発生しておおぜいの難民が一度に国境をこえ、人が集まった場所に自然発生的にキャンプができて、まだ間もない時期などには。

　しかし、なかには、ひとつの「まち」のように大きな難民キャンプもあるんだ。キャンプの中心にあるメイン・ストリートには店が並び、食料品や生活雑貨を売っていたり、床屋さんがあったりする。学校やクリニックもある。モスク（イスラムの礼拝所）などの宗教施設もある。サッカーやバスケットボールのコートもある。
　おおぜいの人が集まって生活をし、何か月、何年とたつと、そこで暮らす人の手で少しずつ「まち」がつくられていく。

　たとえば、ヨルダンにあるザータリ難民キャンプには、約

8万人のシリア難民が暮らしている。大きな薄茶色のテントや白いトレーラーハウスが砂地に並び、全体に白っぽいイメージがある。

　多くの人は、砂漠地帯を何日もかけて歩き、ここにたどり着いた。人びとの集団が到着するたび、「まち」はどんどん大きくなり、東西の幅は3.5kmまで広がった【＊】。

　難民キャンプのなかは、どこへ行っても子どもたちの姿が多く、カメラを向けるとピースサインをしながら歓声を上げる。

　UNHCR（国連難民高等弁務官事務所）をはじめとする国連機関や各国のNGOは、難民キャンプでいろいろな活動をする。水や食料の配給、病気にかかった人の診療。また、トイレの設置や下水処理なども大事な仕事だ。せまい場所におおぜいの人が集まって生活する難民キャンプでは、つねに衛生状態に気を

第2章　難民のいる世界　　53

配っていないと、伝染病が一気に広がるおそれがあるからだ。

　子どもの教育やレクリエーション活動もある。難民キャンプでは、UNHCRやユニセフ、NGOなどが学校をつくり、少なくとも小学校レベルの教育が受けられるようにする。先生は、そこに避難してきた人たちのなかからボランティアを募ることが多い。

　大人は、商店を営んだり、学校の先生をしたり。子どもたちは学校で勉強したり、サッカーをして遊んだり。難民というのは、ただそこにじっと座って水や食料の援助を待っているだけの存在ではないんだ。

　ちなみに、世界の難民のうち、難民キャンプで暮らしている人の割合は、全体の約４割。残りの６割の人たちは、街なかで暮らしていて、そういう人たちのことを「都市難民」と呼ぶ。

　その人たちは、ふつうのアパートに住んでいたりするので、一見、とくに困っていることはなさそうに見えるかもしれないけれど、まわりの人から差別を受けたり、十分な教育を受けられない、キツイわりに給料の安い仕事にしかつけないなど、さまざまな苦労を抱えながら暮らしていることも多い。

　UNHCRやNGOは、そうした人たちに対する支援もおこなっている。

【＊】　ザータリ難民キャンプは、Google Earthでも見つけることができる。上空から見ると、サッカーやバスケットボールのコートがいくつもあるのがわかる。スーパーマーケットやモスク（礼拝所）をあらわすマークも表示される。敷地の南側には、キャンプに電力を供給するたくさんのソーラーパネルが並んでいる。

20XX年の茶髪禁止法 — 4

　ソーさんが言ったとおり、3か月後には難民認定の連絡がきて、ボクたち3人は「一時保護ビザ」をもらうことができた。これで少なくとも3年は、オーストラリアに住むことができる。

　2年6か月たったところで再審査がおこなわれ、その時点でまだ日本に帰れない状態が続いていた場合には、「永住ビザ」に切りかわる。

　難民として認められると、州政府から当面の生活費が支給されて、英語教育を無料で受けられるようになる。ボクと母さんは週に5日、移民・難民のための英語のクラスに通いはじめた。

　勉強は苦手だけど、英語のクラスはとても楽しかった。そこに集まる人たちと話をするのが、とにかく刺激的で面白いんだ。

　アフリカの南スーダン出身の青年は、9歳のとき、内戦の激しくなった村からひとりで逃げだし、あてもなく歩きつづけているときに、運よくUNHCRの職員に保護されてケニアの難民キャンプに行ったと、話してくれた。あのときUNHCRの車にあわなかったら、確実に命を落としていただろうと言っていた。彼はいま、歯科技工士をめざして勉強している。

　イラン出身の若い女性は、政府に対する抗議デモに参加して警察から目をつけられ、危なくなって国外に逃げたという。デ

第2章　難民のいる世界　　**55**

モの最初のきっかけは、スカーフのかぶり方が悪いといって宗教警察に逮捕された女性が亡くなった事件だったそうだ。

スカーフのかぶり方で、命に危険がおよぶなんて。おどろくボクに、宗教を理由にして政府が国民をいじめている国はけっこうあるんだと、彼女は言った。

英語の先生にも面白い話を聞いた。

ブラジル出身の女の先生は、国籍が２つあるという。オーストラリア人と結婚してこっちで暮らすことになり、オーストラリアの国籍を取ったけれど、それによってブラジル国籍がなくなったわけではなく、パスポートも２つ持っているという。

ボクがびっくりして、そんなのアリ？と聞くと、「どういう人に国籍を与えて"国民"とするかは、それぞれの国が決めることで、世界中の人間の国籍を管理している国際機関なんてないから、１人の人間に２つの国が国籍を与えることだってありえる」と教えてくれた。

そして、「国籍は、複数あるほうがいいわよ。住んでいる国で戦争が起きて危なくなったりしても、別の国のパスポートがあれば、すぐに逃げられるから。２つの違う会社のスマホを持っていれば、どちらかがトラブルで使えなくなっても困らないのと同じよ」と、彼女は笑って言った。

12 日本人が難民になる!?

日本から脱出した人たち。
いったい何があったんだろう。

　ところできみは、難民になった日本人て、いると思う？
　いやあ、いくらなんでも、それはないだろう。日本で戦争が始まったわけじゃないし、武装勢力が残虐行為をくり返しているわけでもないし……と、きみは思うかもしれない。
　でも、いるんだ。難民になった日本人。

　UNHCR（国連難民高等弁務官事務所）が世界の難民のデータをまとめたレポートには、日本出身の難民の数ものっている【＊1】。その数は、2022年末の時点で64人。難民認定を待っている人をふくめると、合計216人の日本出身の難民がいるという。
　難民として他国に移り住んだ日本人は、いったいどんな迫害を受けたのだろう。
　きみは何か思いつくかい？

　難民は、自分の国にもどれば迫害を受ける。ということは、身元がばれると、その人の命をだれかがねらってくる可能性も

第2章　難民のいる世界　57

あるから、難民の個人情報は、政府機関や関係者、マスコミなどが勝手に公表するわけにはいかない。そのため、難民になった日本人の事情も、具体的に明かされてはいない。受け入れた国の政府が、その人の出身国の政府に対して「おたくの国からこんな人が来たので、難民として受け入れましたよ」なんて伝えることもしない。

　だから、これはあくまでも推測でしかないけれど、たとえば「部落差別」【＊2】や「ヘイトクライム」【＊3】などが難民認定の理由として考えられる。日本の政府から直接、迫害を受けたわけではなくても、身の危険を感じたときに「国籍国（日本）の保護を受けられない」としたら、その人は難民として認められる可能性があるからだ。
　また、外国に住んでいる日本人が、その国で迫害を受けて、他国に逃れた可能性もある。
　真の理由はたしかめられないにしても、日本人だからといって、難民になる可能性はゼロとはいいきれないんだ。

【＊1】　UNHCR's Global Trends Report …… https:// www.unhcr.org/global trends
【＊2】　部落差別……江戸時代までの身分制度をもちだして、特定の地域の出身者が差別されたり、ネット上でいじめを受けたりしている問題。同和問題ともいう。
【＊3】　ヘイトクライム……特定の人種、民族、宗教、性的指向などへの偏見・憎悪からおこなわれる犯罪。身体的な暴力だけでなく、殺害予告などの脅迫、ネット上の誹謗中傷などもふくまれる。日本ではとくに在日コリアンの人たちに対する攻撃が社会問題になり、2016年に「ヘイトスピーチ対策法」ができたが、犯罪行為はなくなっていない。

13 難民アスリート

難民だった若者たちも
世界大会に挑んでいる。

　難民のなかには、スポーツ選手として活躍する人もいる。
　シリア出身のユスラ・マルディニさんは水泳の選手。2016年のリオデジャネイロ・オリンピック（ブラジル）、2021年の東京オリンピックの水泳競技に、女子バタフライの選手として出場した。
　ユスラさんは2015年、内戦が激しくなった祖国を脱出し、3週間以上かけてドイツにたどり着いた。途中、トルコからギリシャのレスボス島までは、夜中にゴムボートに乗って海を渡った。8人乗りのボートに20人も乗り、その重みで海面すれすれまで沈んだボートは、大波にもまれて何度も転覆しそうになる。少しでもボートを軽くするために、ユスラさんとお姉さん、それに2人の男性が交代で海に入り、ボートの縁につかまって泳いだ。
　4歳のときから習っていた水泳が自分を救ってくれたと、ユスラさんは言う。それでも、命が助かったのはほんとうに幸運だった。同じように海に出て、途中で船やボートが沈んでしまい、命を落とした難民もおおぜいいたのだから【＊】。

第2章　難民のいる世界　59

その後、ユスラさんは、ギリシャから北マケドニア、セルビア、ハンガリー、オーストリアをへて、ドイツのベルリンへ。現地のスイミング・クラブですばらしいコーチと出会い、水泳のトレーニングに励(はげ)んでオリンピックに出場することになった。

ユスラさんのたどったルート
シリア（ダマスカス）からドイツ（ベルリン）まで

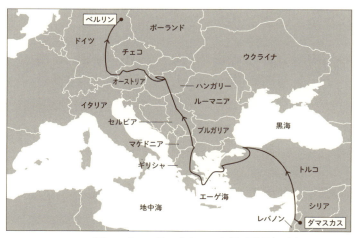

出典：ユスラ・マルディニ『バタフライ』（朝日新聞出版）の掲載図をもとに作成

　同じシリア出身のイブラヒム・アル・フセインさんもまた、水泳の選手。リオと東京のパラリンピックの水泳競技に、自由形と平泳ぎで出場した。
　イブラヒムさんは、シリアで内戦が激しくなった2012年、

友だちを助けようとして戦車の砲撃を受け、右足のふくらはぎから下を吹き飛ばされた。

　大けがをしたイブラヒムさんは、満足な治療を受けられないまま、船で地中海を渡り、ギリシャにたどり着いた。しかし、お金もなく、ギリシャ語も話せなかった彼は、路上で生活し、公園の草を食べて飢えをしのいだこともあった。

　その後、親切なお医者さんと出会って治療を受け、カフェのトイレそうじの仕事をしたりしながら水泳クラブに通い、ギリシャの水泳大会でメダルを獲得して注目されて、パラリンピックに出場することになった。

　ところで、ユスラさんもイブラヒムさんもシリア出身だけど、オリンピック・パラリンピックに出たとき、ふたりが所属していたのはシリアの選手団ではなかった。ふたりがいたのは「難民選手団」だった。

　祖国を追われた難民アスリートは、自国の代表選手として世界大会に出ることができない。だから、2016年にブラジルのリオデジャネイロでオリンピック・パラリンピックが開かれることになったとき、国際オリンピック委員会と国際パラリンピック委員会は、各国の選手団とはべつに、難民選手団というチームをつくったんだ。

　リオ大会から始まった難民選手の参加は、2021年の東京、2024年のパリのオリンピック・パラリンピックにも受けつがれた。

　過酷な過去をのりこえてオリンピック・パラリンピックの舞

第2章　難民のいる世界　　**61**

台に立った難民選手団の選手たちの多くが口にするのは、「スポーツが生きる力を与えてくれる」「スポーツには大きな可能性がある」ということばだ。

　スポーツに打ちこむことによって、そのあいだだけは、自分に起きたつらいことを忘れられる。体を動かしていると、だんだん元気になる。スポーツを通じて友だちができ、新しく暮らしはじめた社会で、まわりの人たちから認められる。国際大会に出てメディアで紹介されたことをきっかけに、何年もまえに別れた親やきょうだいと再会できた人もいる。

　その姿は多くの人に希望や勇気を与え、それがまた、選手にとって大きな喜びになる。

　現在はUNHCR（国連難民高等弁務官事務所）の親善大使として活動しているユスラさんは、あるインタビューで、こんなふうに語っている。

　「私たちはよく『難民』とレッテルを貼られます。そして人びとは、難民になった人の背景に何があるのか知ろうとしません。私たちはふつうの人間です。シリアではエンジニアだったり、医者だったりして、ふつうの仕事についていました。私たちが祖国を逃れたのは平和を求めたからです。自分の子どもや家族のために、よりよい未来を築きたかったからです。難民は、夢や希望を抱いた、ふつうの人びとなんです」

【＊】　2015年9月、3歳の男の子の遺体がトルコの海岸に打ち上げられ、その写真を載せたニュースが世界に衝撃を与えた。シリアのほか、ソマリア、エチオピア、ナイジェリアからも地中海を渡ってギリシャやイタリアをめざす難民は多く、2014年から2016年にかけて、年間約3000〜5000人もの人びとが遭難して命を落とした。

20XX年の茶髪禁止法 — 5

しばらくして、ボクは学校にも通いはじめた。

この地域には移民が多いと聞いていたけど、学校に行ってみて、そのマルチカルチャー（多文化）ぶりに目をみはった。ほんとうにいろんな生徒がいる。

髪も肌も、色とりどり。黒い髪も金髪も、茶色も赤も……。髪型も自由だ。ドレッドヘアーもいれば、スキンヘッドの子もいる。イスラム教徒の女の子はヘジャブやスカーフを巻いているし、編み物でできた小さな帽子をかぶっている男子もいる。イスラム・キャップというらしい。ネパール出身の男子生徒が民族衣装の帽子をかぶっているのも見た。

ここにいると、だれが「オーストラリア人」で、だれが「外国人」なのか、わけがわからなくなってくる。少なくとも、見た目で、こういう人がオーストラリア人だとは、ぜったいに言えない。いろんなオーストラリア人がいるからだ。

あるとき、4、5人のクラスメイトといっしょにいるときに、「なんでオーストラリアに来たんだ？」という話になって、ボクが「茶髪禁止法」のことを話したら、みんな、ぽかんとしてしまった。そして数秒後、大爆笑。だれかが「それは、どこの星の話だ？」と言って、また爆笑。みんな、笑いすぎてお腹が痛いと言っていた。

　学校の社会見学では、キリスト教の教会、イスラムのモスク、ヒンドゥー寺院、仏教のお寺、ユダヤ教のシナゴーグなどを訪ね、それぞれの宗教について勉強すると聞いた。世の中にはいろんな人がいて、それぞれ大事に思っているものが違っていたりする。そのことを学ぶんだ。

　教室のようすや授業のやり方も、日本の学校とはずいぶん違う。ひと言でいうと、「自由」だ。べつの言い方をすれば、バラバラ、かな？

　1クラスの人数は20人くらい。生徒はどこでも好きな場所に座る。授業はしょっちゅう脱線する。話の展開しだいで、どんどん脇道にそれていく。先生も生徒も、それを気にしないどころか、楽しんでいる。

　オーストラリアに来て、「laid back（レイドバック）」という英語をおぼえた。もともとは「後ろにもたれて座る」という意味だけど、ここでは、ほめことばなんだ。何か起きてもあわてずあせらず、ゆったりかまえて、ちょっととぼけた顔で「ん？どうかしたかい」みたいな感じ。それがカッコいいんだ。

ことばの豆知識

「難民」と「亡命者」

迫害から逃れるために他国に保護を求めた人、というのは共通だけど、「亡命」は、とくに政治的な理由で国を出た人、たとえば政治家や思想家などの場合に用いられることが多い。また、個人の場合は「亡命」、集団の場合は「難民」という使い分けをすることもある。

- -

「難民」と「移民」

「移民」は、たとえば国際結婚をして相手の国に住むとか、仕事を求めて別の国に行くとか、さまざまな理由で別の国に暮らすようになった人を指す、広い意味のことば。「難民」もそのなかにふくまれる。

- -

「難民」と「〇〇難民」

「ネットカフェ難民」や「買い物難民」のように、居場所の定まらない人や何かができなくて困っている人のことを「〇〇難民」と呼ぶ人もいる。でも、本来の「難民」とは大きく意味が違うので、いっしょにしないほうがいい。

- -

「インドシナ難民」と「条約難民」（3章）

日本がインドシナ難民の受け入れを決めたときには、まだ難民条約に加盟しておらず、難民審査の仕組みもなかったので、ベトナム、カンボジア、ラオスから来た人をまとめて受け入れた。それに対して、難民条約の規定に照らして審査をおこなって受け入れる難民のことを「条約難民」という。
また、いちど他国に難民として避難したあと、あらためて日本に来る人たちもいて、それを「第三国定住」と呼ぶ。

- -

「ビザ」と「在留資格」

「ビザ」（VISA）は、その人が特定の国に入国する条件を満たしていることを証明するもので、パスポートにハンコを押したり、ステッカーを貼ったりして示す（国どうしの取り決めで、ビザが免除される場合もある）。「在留資格」は、国籍国以外の国に滞在するときの資格で、種類がいろいろある。種類によって、できることとできないことが決まっている（働けるかどうか、何年間有効かなど）。ただ、「ビザ」と「在留資格」を厳密に区別せず、在留資格のことをビザと呼ぶことも多い。

第2章　難民のいる世界　**65**

第3章

難民と日本の わたしたち

20××年、
ボクたちは、いまも日本に帰れない。
でも、安心して暮らすことができている。

日本に逃げてきた人は、どうなるの？
助けてくれる人はいるのかな。

14 日本にも難民が来ている

予想よりきっと多いと思うよ。
かれらはどうして
日本を選んだのかな。

　難民のなかには、日本に逃げてくる人もいる。
　きみは、日本に来て難民申請をする人が、１年間に何人くらいいると思う？　50人くらい？　100人くらい？
　じつは、毎年１万人くらいの人が日本で難民申請をしているんだ。「えっ、そんなに多いの？」と、ちょっとびっくりした人もいるかもしれないね。
　では、そのうち、難民として正式に認められ、日本で暮らせるようになる人は？　3人に1人くらい？　10人に1人かな？
　いや、じつは、そんなにいないんだ。
　2022年に日本が難民として認めた人の数は202人、認定率は2.0％だった。2020年から2022年のあいだは、新型コロナの影響で日本に来る外国人の数が少なかったので、2022年の難民申請者の数も比較的少なく、3772人だったけれど、2023年の申請者は１万人を超えている。
　あれ？　3772人のうち202人が認められたのなら、認定率は５％を超えてるんじゃないの？　そう思うよね。でも、違うんだ。なぜかというと、日本では、難民申請の書類を出してか

ら審査の結果が出るまで、平均３年以上かかっているから。だから、その年の申請者数と認定者数だけを見ても、正確な認定率はわからない。

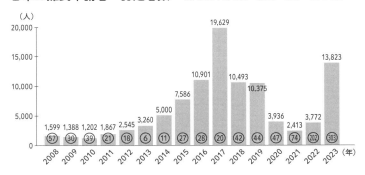

出典：難民支援協会ウェブサイト　https://www.refugee.or.jp/refugee

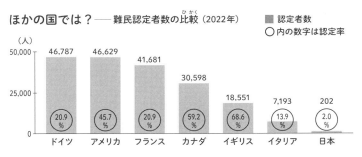

出典：難民支援協会ウェブサイト　https://www.refugee.or.jp/refugee/japan_recog

ほかの国ではどうだろう。

２０２２年に難民として認められた人の数は、ドイツ、アメリカ、フランスでは４万人以上。カナダとイギリスでは、難民申

請をした人のうち半数以上が難民として認められている。

　日本が受け入れる難民の数は、欧米各国に比べてとても少ない。どうしてこんなに少ないのだろう。

　ひとつの大きな理由として、日本は、その人が難民かどうかを審査するときに、難民条約第1条の規定をそのままきっちりあてはめて審査していることがあげられる。しかも、日本（政府）は、難民の定義をかなりせまく解釈している。

　そうすると、たとえば、国で紛争が起きているというだけでは難民としては認められず、その人自身が自国の政府や武装勢力によって迫害を受けたことがある、または迫害を受ける可能性がひじょうに大きい、ということが条件になる。つまり、自分の国にもどったら、警察や軍隊に捕まって牢屋に入れられ、拷問を受けたり死刑になったりすることが、ほぼ確実だということが証明できないと、難民として認められない。

　でも、考えてみてほしい。それを自分で証明するって、かなり難しいことだよね。

　たとえば、反政府デモのリーダーで、すでに死刑の判決が出ているという顔写真入りの新聞記事を持っていたりすれば、たしかに「この人が国にもどったら命が危ない」と認められるだろう。でも、多くの人は、そんなにはっきりした「証拠」を見せられるわけではない。デモに参加したとか、政府軍に自宅を焼かれたと言っても、客観的にそれを証明できるものがなければ、作り話だと思われてしまうかもしれない。

　そして、もうひとつ、日本の難民認定率が低いのは、日本で働くことだけを目的に難民申請をする人も少なくなかったとい

う事情もある。

　そういう人は難民として認められないけれど、申請者として数えられ、全体の数が増えるので、結果として認定率が小さくなる。申請件数がいたずらに増えて審査に時間がかかると、ほんらい難民として受け入れるべき人が長く待たされることになってしまうので問題になったことがあり、入管では、申請を受け付けるときのチェックを厳しくおこなうようになった。

　それにしても、日本に来る難民の人たちは、多くの難民を受け入れているドイツや、英語の通じるアメリカやカナダではなく、どうして、ことばも通じない遠い日本をわざわざ選ぶのだろう。きみは、なぜだと思う?

　じつは、日本に来た難民の人にそれを聞くと、たいていの人が「たまたま」だと言う。「最初にビザをもらえた国が、たまたま日本だったから」と。いくつかの国の大使館でビザの申請手続きをしたら、日本の大使館がいちばん早くビザを出してくれたということだ。また、国によっては、短期滞在の場合はビザがなくても日本への入国が認められることがある。

　一刻も早く危ないところから逃げたいと思っている人は、行き先候補の情報を集めて、じっくり検討する余裕はない。「国を出られるなら、どこでもいい」、あるいは「日本ならだいじょうぶだろう」と思って飛行機に乗ってしまう。そして日本に着いてから、難民として認められる人はごくわずかだという事実を知って、がくぜんとすることになる。

第3章　難民と日本のわたしたち　　71

15 逃げてきた人は、どうする？どうなる？

「難民として逃げてきました」
……と言うだけじゃダメなんだ。

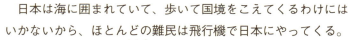

　日本は海に囲まれていて、歩いて国境をこえてくるわけにはいかないから、ほとんどの難民は飛行機で日本にやってくる。
　そして、空港の入国審査の窓口で「私は難民です」と申し出る人もいるけれど、多くの人は、いったんは観光ビザなど短期の滞在資格で日本に入国してから、「入管」に行って、難民認定の申請書類を出す。
　「入管」というのは、国境をこえて日本に出入りする人や、日本に滞在する外国人に関する事務を処理したり、難民認定をおこなったりする法務省の機関だ。正式名称を「出入国在留管理庁」という。
　難民申請のときに提出する書類は12ページ。名前、生年月日、出身国、家族構成、学歴などのほか、自分の国にもどった場合に迫害を受ける理由や、これまでに逮捕されたり暴行を受けたりしたことがあるかどうかなどを書く欄がある。外国語の訳もついていて、29の言語のものが用意されている【*】。
　この申請をもとに、入管の調査が始まる。本人に聞きとりをしたり、迫害の事実を示す証拠を確認したりするんだ。

　その結果、難民として認められ、法務大臣のハンコを押した「難民認定証明書」が出ると、「定住者」という在留資格が与えられて、日本で生活できるようになる。

　その後は、半年間の日本語教育や仕事につくための支援が受けられるほか、国民年金や健康保険などの受給資格も得られる。

　ちなみに、難民として日本に定住した人が外国に旅行に行くときは、パスポートのかわりに、入管が発行する「難民旅行証明書」を持っていくことになる。迫害を逃れて国を出てきた難民は、自国の政府にパスポートを発行してもらうことができないからだ。

【＊】　難民認定・補完的保護対象者申請書は、入管のホームページからダウンロードできる。エチオピアのアムハラ語、アフガニスタンのダリ語やパシュトゥ語などが並記された用紙もある。https://www.moj.go.jp/isa/applications/procedures/nyuukokukanri03_00091.html

第3章　難民と日本のわたしたち　　73

インドシナ難民って、なに？

　1970年代、ベトナム、ラオス、カンボジアのインドシナ三国では、内戦をへて国の体制が大きく変わり、それによって社会に混乱が生じ、多くの人が難民となって国を離れた。その数は、3つの国で合わせて数百万人にもおよんだ。

　ベトナムは長い海岸線をもつ国だ。だから、舟で国を脱出する人が多く、その人たちは「ボートピープル」と呼ばれた。カンボジア、ラオスからは、隣国のタイに逃れる人が多く、タイの国境地帯にはいくつもの難民キャンプができた【＊】。

　ベトナム難民の人たちの乗った舟が日本にもやってくるようになった1970年代、日本はまだ難民条約を批准していなかったが、国連やアメリカをはじめとする国々から「日本も受け入れるべきだ」という声が上がり、政府の判断（閣議了解）で1万人を上限に受け入れることを決めた。

　そして結果的に、1978年から2005年までに約

1万1300人（ベトナムから約8700人、ラオスとカンボジアからそれぞれ約1300人）の難民を受け入れた。この人たちを「インドシナ難民」と呼んでいる。

しかし、日本語も日本の習慣もまったく知らない人たちが、すぐに日本で生活することはできない。仕事を見つけることもできないし、子どもたちも学校で困ってしまうだろう。

そのため政府は、東京都品川区、神奈川県大和市、兵庫県姫路市の３か所に、インドシナ難民を受け入れるための施設をつくり、ベトナム、ラオス、カンボジアからやってきた人たちは、そこで半年間、敷地内の宿泊施設で暮らしながら、日本語と日本の生活習慣などを学んだ。そして、就職先やアパートを紹介され、それぞれ工場で働くなどしながら、家族とともに日本で暮らすようになった。

【＊】 このとき、タイの難民キャンプには、世界各国からボランティアが駆けつけた。そのなかには日本の若者たちの姿もあった。難民を助ける会（AAR）、日本国際ボランティアセンター（JVC）、シャンティ国際ボランティア会（SVA）、幼い難民を考える会（CYR）など、いまや日本を代表するNGO（民間の国際協力団体）のいくつかが、インドシナ難民の支援をきっかけに生まれている。

第3章 難民と日本のわたしたち

難民として認められなかったら?

生活できるの? 強制退去?
収容施設に入れられる?

　さて、日本に来て難民や補完的保護の申請をしたものの、それが認められなかった人は、どうなるのだろう。
　申請の結果を待っている期間は在留資格が与えられるので、結果が出るまえに日本から追いだされることはない。しかし、申請が不認定になると、在留資格を失って、その人は「非正規滞在」(不法滞在)の状態になってしまう。
　日本でダメなら、また別の国に行って難民申請をすればいいと思うかもしれないけど、それはかんたんなことではない。しかたがないので、日本で難民申請をくり返すことになる。

　難民申請をしてから8か月たっても結果が出ない場合は、多くの場合、生活していくために働くことが認められるが、逆にいうと、それまでの期間は働けないので無収入だ【*1】。
　だから、ほとんどお金を持たず、着のみ着のままで逃げてきたような人は、ホテルに泊まることもできず、空腹を抱えて公園のベンチで夜を明かしたりすることになる。

クルド難民のマモさんは、生活資金2000ドル（当時は約20万円）を持ってトルコから日本に来た。お金を節約するため公園で野宿をしていたが、知りあったイラン人にタイヤ工場の仕事を紹介してもらい、そこで働いてアパートを借りることができた。そのうちに短期滞在ビザの有効期限は切れてしまったが、難民申請の方法は知らなかった。

その後、人に教えてもらって難民申請をしたが、不認定。取り消しを求めて裁判を起こしたが、敗訴。その間、同じトルコ出身の女性と結婚して、子どもが生まれた。その後、家族と暮らしていることが考慮されたのか、在留特別許可が出たが、日本で生まれた娘たちは、トルコで出生届を出すことができないので、無国籍状態のままだという（鴇沢哲雄＝著『日本で生きるクルド人』より）。

なお、在留資格の期限が切れた外国人が帰国を拒否すると、入管の収容施設に入れられることもある。犯罪をおかしたわけでもないのに、施設はまるで刑務所のようなところだ。体調を崩したり、メンタルをやられたりする人も少なくない。そこで亡くなった外国人もいて、大きな社会問題になっている【*2】。

【*1】　外務省から1日1600円の「保護費」が出たり、アパートが提供される制度もあるが、予算の制約から、じっさいにそれが利用できるのはごく一部の人だけだ。
【*2】　2014年には茨城県の収容施設で、難民申請中のカメルーン人の男性が、体調不良を訴えていたにもかかわらず、治療を受けられずに亡くなった。また、2021年には名古屋の収容施設で、スリランカ人女性のウィシュマ・サンダマリさんが、病気で何も食べられず、ベッドから起き上がることもできないほど衰弱していたにもかかわらず、必要な治療を受けられずに亡くなり、入管の人権侵害が大きな社会問題となった。

第3章　難民と日本のわたしたち　　**77**

認定サバイバルの道のり

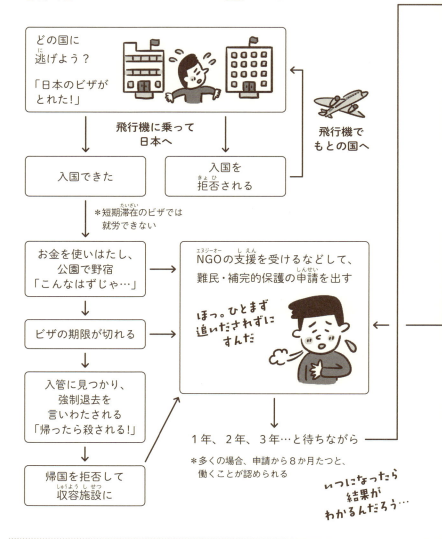

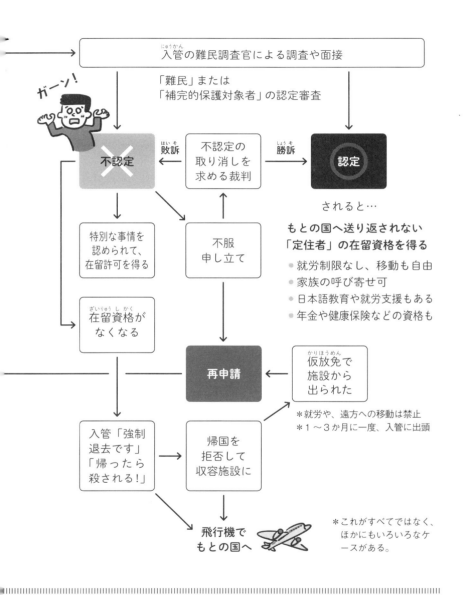

ウクライナから来た人びと

爆撃におびえながら
多くの人が国外に逃れた。
日本にもきているね。

　2022年2月24日に始まったロシアの軍事侵攻によって、ウクライナでは多くの人たちが、安全な場所を求めて避難せざるをえなくなった。

　ある人たちは自家用車で、ある人たちは満員の列車に乗って、また、ある人たちは徒歩で、持てるだけの荷物を持って国境へ向かい、ポーランド、ハンガリー、ルーマニア、ドイツなど、安全な国へと逃れた。その数は、半年間で1100万人。全人口の4分の1に達した。

3月上旬、日本政府はウクライナから避難する人たちを日本でも受け入れることを表明。それまで難民の受け入れに消極的だった日本としては、ひじょうに速い決断だった。そして、半年あまりのあいだに約2000人のウクライナ人を受け入れた。

　ウクライナから来た人たちのために、日本政府は、本人が希望すれば日本で働くことのできる在留資格を認めた。地域の自治体は、アパートを提供したり、冷蔵庫や電子レンジ、当面の食料品などを届けたり、生活費を支給したりした。

　あれ？　でも、ちょっと待って。

　日本は、戦争から逃げてきたというだけでは、難民として認めないんじゃなかったの？（35ページ参照）

　そうだよね。だから、日本の政府は、ウクライナから避難してきた人のことを「難民」とは呼ばなかった。「避難民」と呼んだんだ。テレビのニュースや新聞も、それにならって、ウクライナから来た人たちのことを「避難民」と呼んだ。

　その後、入管法が改正されて「補完的保護」の制度ができると、ウクライナから避難してきた人はその対象になるとして、日本政府は全員に申請手続きの案内を郵便で送った。

　戦争から逃げてきて難民申請をしても、なかなか認められず、何年も待たされている人たちも多い。でも、日本政府は、ウクライナの人たちについては、難民申請も認定調査もなしで、「避難民」としてすぐに受け入れ、補完的保護の対象とすることにも積極的だ。どうしてそんなに違うのだろう？

　きみは、なぜだと思う？

第3章　難民と日本のわたしたち　　**81**

18
難民を支援する活動がある

NGO って、知っている?
日本にも支援活動がある。

　難民の支援では、世界各国の民間の国際協力団体（NGO）が大きな役割を果たしている。
　「国境なき医師団」というフランスのNGOは、けがや病気で困っている人たちを支援する。医師や看護師など、医療の専門家が現地へとんでいく。「国境なき」という名前には、「世界中どこへでも行く」「国家権力などから独立して、中立・公平な立場で活動する」という意味がこめられている。
　また、「Save the Children」という英国で生まれたNGOは、難民の子どもたちのためにさまざまな支援活動をおこなっているし、米国で生まれた「CARE」という団体は、とくに女性や女の子を守り支えることに力を入れている。

　日本にも、難民支援をおこなうNGOがある。
　海外の難民キャンプなどで支援活動をおこなうNGOのひとつが、「難民を助ける会（AAR）」だ【*1】。紛争や自然災害によって祖国を追われた人びとのために、緊急支援だけでなく、長期の避難生活を支援する活動もしている。

また、日本に来た難民の人たちを支援するNGOもいくつか
あり、そのひとつが「難民支援協会（JAR）」だ【＊2】。JARで
は、祖国を追われた人たちが日本で難民として認められ、安心
して暮らしていけるよう、さまざまな支援をおこなっている。
　たとえば、難民申請する人の事情をくわしくきいて、入管に
提出する書類をつくる。カウンセリングを通じて、その人のも
つ力を引き出しながら、必要な支援を見きわめる。最低限の身
のまわりのものだけを持って国を出てきた人には衣類や食料を
提供したり、その日、寝る場所のない人にはシェルター（一時
滞在施設）を提供したりする。さらには、日本の難民受け入れの
あり方を改善していくよう、政府に対する働きかけもしている。

　アフリカのコンゴ民主共和国出身のシャバニさん（30代）も、
JARの支援を受けたひとりだ。身におぼえのないことで逮捕さ
れ、拷問を受け、妻と子どもを残して日本に逃れてきた。
　来日を手引きしたブローカーからJARのことを聞き、ネッ
トで住所を調べて事務所を訪ねた。日本に来てからの宿代や交
通費、ブローカーへの支払いで、そのときの所持金は3000円
ほどしかなかったという。
　JARのシェルターに空きがなかったため、シャバニさんは、
部屋が空くまでの3週間、ネットカフェや24時間営業のファ
ーストフード店などを転々とした。
　「あんな生活はしたことがなかった。からだもきつかったが、
気持ちのほうがもっときつかった」とシャバニさんは言う。
　その後、JARのシェルターに入居し、就労が許可されるまで
の半年間を、外務省の保護費（1日1600円）でなんとか食いつ

第3章　難民と日本のわたしたち　**83**

ないだ。

いまは仕事が決まり、生活は落ち着いている。

「日本に来たばかりで働けなかったときは苦しかった。ただ寝て、起きる。そのくり返し。よけいなことばかり考えてしまう。だから、仕事があることはとても重要」

「難民＝物乞いのイメージを持っている人もいると感じる。難民自身が問題じゃないのに、誤解されていると思う」

「ほんとうは支援を受けたかったわけじゃない。自分はこれまで自分の力で働いて稼いできた。だれかにお金をもらう、面倒をみてもらうことは望んでいない」

そうシャバニさんは語る。

彼が来日して2年がたつが、難民申請の結果はまだ出ていない。将来の展望が見えず、会えない娘のことを考えると胸が苦しくなるという【＊3】。

こうしたNGOの活動には、専門スタッフのほかにも、多くのボランティアがかかわっている。難民問題に関心をもったら、NGOの活動をネットで調べてみよう。ぼくらにも、難民の人たちのために何かできることがあるかもしれない。

【＊1】 認定NPO法人 難民を助ける会　https://aarjapan.gr.jp
【＊2】 認定NPO法人 難民支援協会　https://www.refugee.or.jp
【＊3】 シャバニさんの話は難民支援協会のウェブサイトより

19 日本で暮らす元・難民の人たち

もう何十年も日本に暮らす人たちのこと。

　ベトナム、ラオス、カンボジアからインドシナ難民の人たち（74ページ）が日本に来て、もう30年もの月日が流れたが、そこには多くの苦労があった。

　まず、大きかったのは、「ことばの壁」だ。

　来日したときの受け入れ施設では日本語の授業もあったが、3、4か月という短期間で身につけることは難しい。カンボジアでは、ポル・ポト時代に学校制度そのものが廃止されたため、文字を習ったことのない人たちもいた。

　また、難民のなかにはお年寄りもいた。歳をとってから新しい外国語をおぼえるのはとても難しく、途中であきらめてしまう人もいた。逆に、幼いころに国を離れた子どもたちのなかには、母国語も日本語も不十分で、自分の気持ちや考えをことばでうまく伝えることができず、苦しい思いをする人もいた。

　日本語が十分にできない人を雇ってくれる会社は限られ、多くの人が小さな工場で単純作業の仕事につくしかなかった。祖国では教師やジャーナリスト、医師、エンジニアなど、専門知

識をいかして活躍していた人たちは、生活のためとはいえ、日本での仕事にストレスを感じたことだろう。給料も安いため、生活費を切りつめ、質素な暮らしをせざるをえなかった。

　また、子どもたちは、日本語が不自然だとか、難民であること、肌の色の違いなどから、学校でいじめられることもあった。なかには、親が外国人であることを隠して、友だちのまえでは日本人のふりをして過ごす子もいた。

　けれど、難民の人たちは、同じ国の人どうし、たがいに助けあいながら生きてきた。心のよりどころとして、自分たちのお寺も建てた。そこに行けば、悩みを聞いてくれる同国人のお坊さんがいて、仲間と情報交換もできる。
　また、子どもたちが祖国の文化に誇りをもって育つようにと、母国語や伝統舞踊の教室も開いた。そして、日本の人たちに自分たちの文化を伝えるために、イベントを開いたりもしている。

　日本に来たベトナム難民のなかには、その後、多くの同国人が暮らすアメリカなどに移住した人もいる。カンボジアやラオスは、国の状況が変わり、安全に帰国できるようになったので、ふたたび祖国にもどった人たちもいる。
　ただ、一般的には、日本で難民として認められて定住した人が、その後、出身国に帰ることができるかというと、その国の政治状況が大きく変わらないかぎり難しい。
　また、日本で暮らすなかで子どもが生まれ、その子が日本の学校に通って、日本語だけで生活するようになったりすると、

86

もとの国にもどって仕事を見つけて新しく生活を始めるというのは、あまり現実的な話ではなくなる。

そうしたことから、日本に定住した難民の人たちは、その後もずっと日本で暮らすことが多く、日本国籍を取得する（帰化する）人もいる。

ところで、難民として日本に来た人たちは、いつまでも「難民」なのだろうか。いちど難民になったら、その人は一生、難民として生きなければならないのだろうか。

人生におけるある一時期、難民にならざるをえなかった。難民として日本に来たことは事実だし、忘れてはならないことだけど、日本の地域で生活するようになったいまは、同じ社会の一員として、「難民」という肩書きなしでまわりの人と接してもいいんじゃないだろうか。

きみはどう思う？

もしかしたら、この本を手にしているきみ自身が、難民として日本に来た、または、両親や祖父母がそうだったという可能性もあるよね。そんなきみは、どう思う？

きみは、どう考える？

難民と日本のわたしたち。
これからのことを
決めるのはだれ？

　日本では、出入国在留管理庁（入管）が、外国人の難民申請を受けつけて、難民として受け入れられるかどうかを調べる。
　そのとき、入管は、「出入国管理及び難民認定法」（入管法）という法律にもとづいて仕事をする。この法律は、「〈出入国管理〉及び〈難民認定〉法」という名のとおり、ひとつの法律のなかで、別の2テーマをいっしょに扱っている。そして、両方の仕事が、入管というひとつの役所にまかされているんだ。

　入管法の「出入国管理」の部分では、外国から日本に人が入ってくるときと、日本から出ていくときに必要な手続きや、日本に滞在するときの条件などを定めている。
　たとえば、覚せい剤を持っている外国人の入国は認めないとか、日本に3か月以上滞在する外国人には「在留カード」を交付し、そこに氏名、生年月日、国籍、在留資格、就労制限などを記載するとか。つまり、出入国管理というのは、国境をこえて日本に出入りする人や滞在する人のことをきちんと把握する、いわば国を守るための仕事だ。

一方、「難民の認定」は、国を守る目的でおこなうものではなく、迫害や紛争から逃げてきた人の命と尊厳にかかわる仕事だ。

　国を守る仕事と、人を守る仕事。そもそも性格の異なる２つの事柄を１つの法律で規定し、両方の仕事を同じ役所がしていることに無理がある。だから、この入管法を「出入国管理法」と「難民認定法」の２つに分けて、難民認定については入管とは別の機関をつくっておこなうべきだという意見がある。
　いずれにしても、難民として受け入れるべき人をしっかり見きわめて保護するためには、根拠となる法律をきちんと整備していくことが必要だろう。

　新しい法律をつくるためには、国民の理解や世論のあとおしがないと難しいが、ある世論調査の結果では、難民の受け入れについて「慎重にすべき」だと考える人が、「積極的に受け入れるべき」という人の２倍以上いた。その理由として多かったのは、「受け入れる人の中に、犯罪者などが混ざっていた場合には、治安が悪化する心配があるから」というものだ（内閣府世論調査「難民認定制度のあり方」2020年）。
　日本で暮らしている外国人の犯罪率が日本人より高いというデータはないし、難民の受け入れと治安の悪化を結びつけるような、世論調査の選択肢のつくり方にも「？」がつく。でも、日本では難民に対して、「コワい」「あやしい」「信用できない」といったイメージをもっている人が少なくはないようだ。

日本で難民の受け入れのあり方を決めているのは、じつは、法務大臣や入管ではなく、国民の意識なのかもしれない。

　日本では、なぜ、難民の受け入れに対して否定的な意見をもつ人が多いのだろう。きみは、なぜだと思う？

　いろいろな理由が考えられるけれど、もしかしたら、「難民」ということばもよくないのかもしれないね。なにか「難」を持っている人、問題がある人のような感じも与えてしまうから。

　難民のことを英語では「refugee」というけれど、その語源は「逃げる」という意味で、「難」とか「問題」ではない。

　「難民」にかわる、いい日本語をつくれないだろうか。「いますぐ助けを必要としている人」「安心できる場所を求めている人」のようなニュアンスを盛りこむことができたら、受けとめ方も少し変わるかもしれない。

　より多くの人が難民問題に関心をもち、しっかり議論して、日本がこれから進んでいくべき方向性を見定めるためには、何が必要なのだろう。

　何かいいアイデアはないかい？　もしかしたら、2022年にウクライナから避難してきた人たちを受け入れたときのことが、ひとつのヒントになるかもしれない。このとき、ある民間企業のインターネット調査では、日本がウクライナの人びとを受け入れることについて、7割の人が「いいと思う」と答え、5割の人が「日本は難民の受け入れを増やしたほうがよい」と答えている（日本リサーチセンター「ウクライナ避難民と、日本の難民申請に関する自主調査」2022年）。

20XX年の茶髪禁止法 — 6

　1991年、リッチモンドというまちで、ベトナムから来た30代半ばの青年、サン・ウィンさんが市長に選ばれた。オーストラリアで初めて誕生した難民出身の市長だった。

　そしていまは、オーストラリア議会（国会）も、多様性（Diversity）に満ちている。ベトナム、スリランカ、インド、アフガニスタン……、いろんな国の出身者がいる。オーストラリアの先住民族であるアボリジニの人たちも、何人もいる。

　「この国には、いろんな人たちがいるのだから、議会にもいろんな人がいて当然でしょ」と、だれもが自然なこととして受けとめているようだ。

　難民出身の人たちは、ビジネスの世界でも活躍している。

　このあいだ、エマ、ジュリーさん、ソーさんと、うちの家族３人で、おしゃれなレストランで食事をした。おいしいクルド料理が人気のその店のシェフは、トルコから難民として来たクルド人だそうだ。

　オーストラリアの隣のニュージーランドには、クルド料理のレストランを大成功させた元・難民の人がいるという話を聞いた。じつはその人、昔、日本で難民申請をして認められず、国外へ強制退去になったそうだ。その後、紆余曲折をへて、ニュージーランドで受け入れられたのだという。そして、ビジネスを大成功させた。

第3章　難民と日本のわたしたち　　**91**

そうした人びとの姿が、難民を積極的に受け入れようという政府の方針をあとおしし、ホスト・カントリー（受け入れ国）の人びとも難民のことを好意的にとらえるようになるのだと、ソーさんは言う。
「難民を受け入れることが社会全体にとってプラスになると証明することが、なにより大事なんだ。だから、ぼくもがんばっているんだ」
　食後のコーヒーを飲みながら、ソーさんはそう言った。

　ボクたち家族がオーストラリアに来て、もうすぐ１年になる。まわりにいる人たちは、みんな親切だし、おたがいの文化が違うことを前提につきあう暮らしは心地いい。
　でも、やっぱり、ときどき日本が恋しくなる。

　ボクたちはいつになったら、安心して日本に帰れるだろう？
　そのとき日本は、どんな国になっているだろう？

もっと知りたい、考えたい人に

こんな本を読んでみよう

『オマルとハッサン──４歳で
難民になったボクと弟の15年』
ヴィクトリア・ジェスミン 作、オマル・
モハメド 原案、中山弘子 訳、合同出版

ソマリアの内戦でお父さんが殺され、お母さ
んとも生き別れて、ケニアの難民キャンプで
暮らす兄弟。その日常のようすやアメリカで
の再定住への不安が、実話をもとにマンガ仕
立て（グラフィック・ノベル）で語られる。

『バタフライ──17歳のシリア
難民少女がリオ五輪で泳ぐまで』
ユスラ・マルディニ著、土屋京子 訳、
朝日新聞出版

2016年のリオ・オリンピックに出場した水
泳選手の著者が、自身の難民体験をつづった
本。シリアで内戦が始まったときのようすや
ボートで海を渡ったことなど、彼女が体験し
た恐怖が圧倒的な臨場感で迫ってくる。

こんな映画を見てみよう

「ブレッド・ウィナー／生きのびるために」
監督：ノラ・トゥーミー

アフガニスタンでは女性ひとりでの外出が許
されない。ある日突然、父親が連行され、母
と姉、幼い弟と残された11歳の少女は、髪
を切って男の子になりすまし、働きに出る。
迫害の苦しさが伝わってくるアニメ映画。

「マイスモールランド」
監督：川和田恵真

埼玉に住む17歳の女子高校生、サーリャ。
同世代の日本人と変わらない、ごくふつうの
高校生活を送っていたが、クルド人の彼女は
在留資格を失って……。日本の難民認定と受
け入れのあり方について考えさせられる。

ウェブサイトで調べてみよう

UNHCR　https://www.UNHCR.org/jp
難民保護をおこなう国連の機関

国連UNHCR協会　https://www.japanforUNHCR.org
UNHCRの活動の普及啓発をおこなう日本の民間団体

なんみんフォーラム（FRJ）　http://frj.or.jp
日本に逃れてきた難民を支援する団体のネットワーク

アジア福祉教育財団・難民事業本部　https://www.rhq.gr.jp
インドシナ難民の定住支援や、難民申請者への「保護費」の支給などをおこなう政府関係機関

出入国在留管理庁　https://www.moj.go.jp/isa
日本の出入国管理と難民認定を担当する国（法務省）の機関

ホロコースト教育資料センター　https://www.npokokoro.com/home
ナチスドイツによるユダヤ人虐殺の歴史を伝える市民団体

参考図書

『移民と日本社会』永吉希久子 著、中公新書

『難民鎖国ニッポンのゆくえ』根本かおる 著、ポプラ新書

『日本の「非正規移民」』加藤丈太郎 著、明石書店

『となりの難民』織田朝日 著、旬報社

『難民鎖国ニッポン』志葉玲 著、かもがわ出版

『難民に希望の光を　真の国際人緒方貞子の生き方』中村恵 著、平凡社

『緒方貞子　戦争が終わらないこの世界で』小山靖史 著、NHK出版

『日本の異国』室橋裕和 著、晶文社

『日本で生きるクルド人』鴇沢哲雄 著、ぶなのもり

『ロヒンギャ難民100万人の衝撃』中坪央暁 著、めこん

『ウイグル人という罪　中国による民族浄化の真実』
　福島香織 著、清水ともみ 漫画、扶桑社

『オーストラリア多文化社会論』
　関根政美・塩原良和・栗田梨津子・藤田智子 編著、法律文化社

Special Thanks

執筆にあたり、若い人たちに難民問題への関心を持ってほしいと考える友人たちから多くの助言をもらいました。石川えりさん（難民支援協会）、廣野富美子さん（アジア福祉教育財団／シェア＝国際保健協力市民の会）、河合涼子さん（アジア福祉教育財団）、佐々木聖子さん（元・法務省）、加藤丈太郎さん（武庫川女子大学文学部専任講師）、田中彩佳さん（オーストラリア在住編集者）、伊藤かおりさん（元・難民支援団体職員）、ありがとう。

※この本の内容は、協力者の所属団体の公式見解を反映させたものではありません。

この本の売り上げの一部は認定NPO法人難民支援協会に寄付され、
日本に逃れてきた難民の人たちを支援するために使われます。

木下理仁（きのした・よしひと）

青年海外協力隊（スリランカ）、かながわ国際交流財団職員、東京外国語大学ボランティア・コーディネーターなどをへて、現在は、かながわ開発教育センター（K-DEC）事務局長、東海大学国際学部非常勤講師、オンライン・ワークショップ「TAKOトーク」のコーディネーターとして活動中。趣味は落語。

著書に『チョコレートを食べたことがないカカオ農園の子どもにきみはチョコレートをあげるか？』（旬報社）、『国籍の？（ハテナ）がわかる本』（太郎次郎社エディタス）、『SDGs時代の学びづくり――地域から世界とつながる開発教育』（明石書店、共著）などがある。

難民の？（ハテナ）がわかる本

2023年4月10日　初版発行
2024年6月10日　改訂1刷発行

著者…………木下理仁
イラスト……山中正大
デザイン……新藤岳史
発行所………株式会社太郎次郎社エディタス
　　　　　　東京都文京区本郷3-4-3-8F
　　　　　　〒113-0033
　　　　　　電話 03-3815-0605
　　　　　　FAX 03-3815-0698
　　　　　　http://www.tarojiro.co.jp

印刷・製本……シナノ書籍印刷

ISBN978-4-8118-0859-8 C0036
©Yoshihito KINOSHITA 2023, Printed in Japan

太郎次郎社エディタスの本

四六判・96ページ／各1000円＋税

国籍の？(ハテナ)がわかる本
日本人ってだれのこと？　外国人ってだれのこと？

木下理仁 著　山中正大 絵

ナニ人かは「国」で決まるの？　ハーフのひとの国籍はどうなる？　在日朝鮮人って、北朝鮮のひと？　「○○人」と「国籍」をめぐる疑問に答える本。ひとに聞いてもわからない、日々のもやもやをまとめてスッキリ解決します。

ゲイのボクから伝えたい
「好き」の？(ハテナ)がわかる本
みんなが知らないLGBT

石川大我 著　山中正大 絵

「カラダの性」「ココロの性」「スキになる性」は、ひとそれぞれ。その組み合わせは、たーくさんある！　LGBTについて、当事者と周囲が知っておきたい基礎知識をまずはこの一冊で。頭のなかのゴチャゴチャ、整理します。

ほどよい距離でつきあえる
こじれないNOの伝え方

八巻香織 著　イワシタレイナ 絵

NOと言えない、断れない。それって性格のせいじゃない。親しいからこそ断りにくいとき、引き受けたいけど無理なとき、強引な誘いにあったとき。いろんな場面でNOを伝えるときの、基本のステップから悩ましいケースまで。